ANADIYA RIHARSYA

TEROR, DOMINASI DAN KEJAHATAN KEMANUSIAAN OLEH NEGARA DALAM PELAKSANAAN HUKUMAN MATI

Penerbit
CINTABUKU

TEROR, DOMINASI DAN KEJAHATAN
KEMANUSIAAN OLEH NEGARA DALAM
PELAKSANAN HUKUMAN MATI

Oleh: Anadiya Riharsya

Copyright © 2013 by (Anadiya Riharsya)

Penerbit

(cintabuku)

(a.riharsya@gmail.com)

Desain Sampul:

(lulu.com)

Diterbitkan melalui:

www.lulu.com

Ucapan Terimakasih:

Terima kasih untuk Mama, Papa dan Kakak tercinta atas semua limpahan kasih sayangnya. Semoga buku ini bermamfaat bagi orang banyak

DAFTAR ISI

Daftar Isi i

Daftar Tabel ii

I. Perkembangan Hukuman Mati 3
    1.1. Peradaban Awal 4
    1.2. Abad Pertengahan 9
    1.3. Era Modern 10
    1.4. Transisi Eksekusi Publik ke Private 10
    1.5. Revolusi Metode Eksekusi 13
    1.6. Transisi Pemerintahan Monarki ke Demokrasi 15
    1.7. Persebaran Hukuman Mati di Dunia 19
        1.7.1. Hukuman Mati di China 22
        1.7.2. Hukuman Mati di Indonesia 24

II. Mempertanyakan Hukuman Mati 32
    2.1. Pemersatu Komunitas 32
    2.2. Kesalahan Manusia 35
    2.3. Prospek Deterrence 40
    2.4. Metode Eksekusi yang Manusiawi 50
    2.5. Keefektifitasan Dalam Mengontrol Kejahatan 55

III. Hukuman Mati Sebagai Kejahatan Kemanusiaan 59
    3.1. Korban 59
        3.1.1. Terpidana Mati 59
            3.1.1.1. Hak Asasi Manusia 60
                3.1.1.1.1. Nilai Hidup 61
                3.1.1.1.2. Hak Hidup 62
            3.1.1.2. Hukuman Mati bersifat Kejam 66
        3.1.2. Keluarga Terpidana Mati 70
            3.1.2.1. Dampak Sosiologi 71

    3.1.3. Masyarakat 76

      3.1.3.1. Merusak Moralitas umum 76

  3.2. Negara Sebagai Aktor 78

    3.2.1. Dominasi Negara 79

    3.2.2. Teror Negara 81

    3.2.3. Kejahatan Negara 82

IV. Penutup 87

V. Daftar Pustaka 90

DAFTAR TABEL

Tabel 1.1. Praktek Hukuman Mati di dunia 3

Tabel 2.1. Kejahatan Negara dengan bentuk pemerintahannya 26

Tabel 3.2. Instrumen HAM yang melarang praktek hukuman mati 40

Tabel 4.1. Perundang-Undangan yang mengandung ancaman hukuman mati 79

Tabel 4.2. Data Jumlah Terpidana Mati hingga Okt 2008 81

Tabel 4.3. Jenis Kejahatan dan Status Terpidana Mati tahun 2007 76

DAFTAR GAMBAR

Gambar 1.1. Penerapan Hukuman Mati di Dunia 4

Gambar 4.1. Persebaran Eksekusi di Seluruh Dunia 72

DAFTAR GRAFIK

Grafik 4.1. Perbandingan Total Eksekusi di dunia dengan China 74

BAB I
PERKEMBANGAN HUKUMAN MATI

Konsep penghukuman sama tuanya dengan sejarah manusia, lebih khususnya bila membicarakan *state punishment* (penghukuman yang dilakukan oleh negara). *State punishment* dasar yang paling utama adalah adanya negara. Negara terbentuk mulai dari tradisi masyarakat nomadic yang bertahan hidup berburu-mengumpulkan makanan *(hunter-gatherer)* kearah tingkatan yang lebih kompleks, seperti perkembangan dalam penulisan dokumen kontrak, transaksi komersial sampai pada *legal code* (peraturan legal). *Legal code* merupakan cikal bakal peraturan yang diberlakukan di banyak negara. *Legal code* (peraturan legal) pertama kali digunakan oleh bangsa Babylonia yaitu code of Hammurabi terkenal dengan ungkapan *"eye for eye"*. Peraturan Hamurabi adalah awal dari peraturan legal lain seperti 3 peraturan di agama Islam, Kristen dan Yahudi dan juga mempengaruhi peraturan legal di Yunani, Roma, dan Eropa. Metode penghukuman tertuju pada hukuman badan, pengucilan, pembuangan sampai pada hukuman mati (Lyons: 2003)

Sejalan dengan perkembangan zaman, hukuman mati kemudian mengalami reformasi. Reformasi dimulai dari penggolongan jenis kejahatan yang diancam hukuman mati. Selanjutnya dengan dimulainya gerakan abolisionis awal yang menuntut transisi eksekusi publik ke eksekusi privat. Metode eksekusi pun mengalami perubahan kearah "manusiawi" tidak lagi mempertontonkan eksekusi yang bersifat kejam. Hal didasari alasan untuk merintangi publik dari teror penggambaran eksekusi.

Perkembangan hukuman mati selanjutnya juga dipengaruhi oleh adanya transisi bentuk pemerintahan monarki yang kekuasaan berpusat pada satu tangan ke demokrasi yang kekuasaan berada ditangan rakyat. Setiap periode perkembangan hukuman mati mengarah pada usaha untuk menghilangkan keberadaannya. Walaupun demikian, kecenderungan beberapa negara sama sekali tidak menunjukan upaya untuk menghapuskannya salah satunya Cina dan Indonesia

1.1. Peradaban awal

Peraturan legal *(legal code)* yang pertama kali adalah Ur-Nammu, ditemukan di dinasti ke tiga Ur sekitar 2050 SM, mendasari justifikasi terhadap penghukuman mereka dengan menyatakan bahwa keadilan merupakan peraturan dengan cara mengikuti kehendak Tuhan. Penghukuman merupakan prinsip bahwa raja ditunjuk oleh Tuhan untuk memberikan keadilan terhadap rakyatnya, tubuh adalah sasaran dari penghukuman, dan siapapun yang tidak mematuhi raja akan di kutuk. (Lyons: 2003)

Keadilan ada ditangan raja yang memimpin pemerintahan sekaligus keagamaan. Kuil tempat beribadah juga sekaligus digunakan ruang sidang, sedangkan hakim adalah orang-orang yang ditunjuk raja atau yang pernah mendapatkan pendidikan di kuil tersebut. Pada masa awal adanya peraturan legal untuk melakukan pembenaran terhadap terhukum, belum ada ukuran atau patokan yang jelas antara tingkat kejahatan dan konsekuensi penghukuman yang didapat. Ukuran benar atau salah di tetapkan oleh raja dan patokan ukuran penghukuman hanya akan didasari oleh kebijaksanaan raja. Motif dari penjatuhan hukuman mati adalah untuk mendemonstrasikan ketangguhan raja diatas semua jenis kejahatan. (Lyons: 2003)

Jenis kejahatan masih dalam kategori sederhana seperti pencurian, pembunuhan, melukai fisik seseorang, kejahatan seksual, dan melawan perintah raja. Terutama untuk pembunuhan sudah menerapkan sanksi hukuman mati, walaupun juga dijatuhkan sebagai sanksi bagi kejahatan lain. Selain itu terdapat pembagian kelas di masyarakat Ur-Nammu yaitu kelas atas, kelas bawah dan budak. Semakin tinggi kelas maka semakin tinggi perlindungan dan hak-hak ekslusif, begitu juga sebaliknya. Kelas atas dilindungi dari penjatuhan hukuman agresif, sebaliknya kelas bawah yang melakukan kejahatan kecil dijatuhi hukuman berat.

Selanjutnya, bentuk penghukuman tua lainnya dibuat oleh Hammurabi yang merupakan salah satu penguasa babylonia 18 abad SM yang memploklamirkan diri sebagai raja yang ditunjuk oleh Tuhan untuk memerintah *(devine appointment to rule the city-state)*, yang merupakan pengatur dan juga penguasa atas rakyatnya *(hammurabi is ruler, who is as a father to is subjects)*. Pada regim Hammurabi, sudah terdapat adanya hak legal untuk memberikan perlindungan dalam tingkat tertentu dan sudah ada prosedur judisial. Peraturan Hammurabi *(The code of Hammurabi)* terkenal dengan prinsip egalitarian[1] tetapi dalam penghukuman sangat kejam. Hukuman mati dijatuhkan untuk terhukum yang melakukan tindakan kriminal baik itu pencurian, penculikan, menjual dan menerima barang curian, sampai pada menjual minuman dengan cara curang. Dari 282 peraturan yang sudah dikodifikasikan perkiraan sebanyak 25 macam jenis kejahatan yang diancam hukuman mati. Selain dari hukuman mati, peraturan Hammurabi masih mempertahankan prinsip *code talio* yang merupakan bentuk dari hukuman yang simpatik *(sympathetic punishment)* yang mana setiap bagian tubuh yang melakukan kejahatan harus diamputasi. Cara dan bentuk hukuman mati pun berbeda-beda tergantung dengan jenis kejahatan. (Golston, 2009)

---

[1] Doktrin Egalitas ini mempertahankan bahwa pada hakikatnya semua orang manusia adalah sama dalam status nilai atau moral secara fundamental. Premis umum misalkan seseorang harus diperlakukan dan mendapatkan perlakuan yang sama pada dalam setiap dimensi

Peraturan Hammurabi juga menjadi mempengaruhi hukum di Alkitab Yahudi dan juga hukum bagi kaum Kristiani dan umat Islam. Berdasarkan Alkitab Injil yang menyatakan bahwa garis keturunan patriarki akar bangsa Yahudi yaitu Abraham di lahirkan di Ur pada saat Hammurabi berimigrasi pertama kali ke Haram di Utara Mesopotamia. Oleh karena itu suku bangsa *Hebrew* yang merupakan suku bangsa yang awalnya hidup di Mesopotamia dan kemudian bermigrasi ke Mesir. Mereka merupakan keturunan dari bangsa Ur yang mempergunakan aturan Hammurabi. Kemudian, bangsa Yahudi *(Hebrew)* menjadi bangsa yang diperbudak sampai pada nabi Musa memimpin *exodus* ke tanah yang dijanjikan, selama masa perjalanan ke tanah yang dijanjikan di bukit Sinai nabi Musa menerima 10 perintah Tuhan *(the ten commandments)* yang berisi tentang perintah Tuhan yang tidak membolehkan berbuat jahat, tetapi tanpa diikuti dengan bentuk hukuman bagi yang melanggar. Penghukuman tersebut baru ditulis di Alkitab ke lima yang disebut dengan Torah atau Taurat. Konsekuensi penghukumannya mengikuti peraturan yang diberlakukan oleh Hammurabi yaitu *symphatic punishment* yang dianggap sebagai metode penghukuman yang tepat dengan alasan menghasilkan efek jera yang paling kuat. (Golston, 2009)

> "...*and all israel shall hear and fear, and shall do not more any such wickedness in the midst of thee* (bagi kaum israel untuk dapat mendengar dan mentaati, bahwa tidak diperbolehkan berbuat kejahatan diantara sesama kaum mu)"

Ungkapan klasik lainnya sebagai bentuk dari dukungan terhadap hukuman mati adalah "*An eye for an eye, and a tooth for a tooth*. (mata dibayar mata, gigi dibayar gigi)" Adalah istilah yang dikenal di *Hebrew Bible* yang memproklamasikan "*If a man takes the life of any human being, he shall surely be put to death. . . . If a man injures his neighbor, just as he has done, so it shall be done to him. Fracture for fracture, eye for eye, tooth for tooth; just as he has injured a man, so it shall be inflicted on him.*"(jika seseorang mengambil nyawa orang lain, haruslah diwajibkan untuk dihukum mati... jika seseorang melukai tetangganya, seperti apa yang dilakukannya terhadap tetangganya maka dia harus dijatuhi hukuman serupa)" (Golston. 2009). Ungkapan tersebut yang melatarbelakangi "nyawa dibayar dengan nyawa" dan menjadi awal dari teori tujuan pemidanaaan yaitu mashab retribusi (pembalasan).

Sedangkan pengaruh peraturan Hammurabi terhadap Alkitab Injil mempunyai struktur, isi, dan terminologi yang sama. Dalam penjatuhan hukuman kedua peraturan ini didasarkan pada peraturan religi. Bagi peraturan Hammurabi keadilan adalah perintah Tuhan melalui kata-kata raja. Begitu juga dengan hukum Injil yang menyatakan bahwa peraturan di dalam Alkitab adalah tulisan yang ditulis oleh Tuhan. Oleh karena itu setiap kejahatan yang melanggar kehendak Tuhan harus dihukum.

Dalam philosopi peraturan Yahudi sendiri mengenal 3 tujuan dari penghukuman yaitu *retributif, deterrence, dan expiatory* (usaha untuk mendapatkan maaf dari Tuhan). Jenis penghukumannya adalah penjara, pengasingan, pembuangan, *sympathetic punishment* maupun denda bagi kejahatan yang bukan tergolong capital crime.

> *"Life for life, eye for eye, tooth for tooth, hand for hand, foot for foot, burning for burning, wound for wound, stripe for stripe* (nyawa untuk nyawa, mata untuk mata, gigi untuk gigi, tangan untuk tangan, kaki untuk kaki, bakar untuk bakar, luka untuk luka) *(the bible, exodus 21:23)"*

Khusus untuk peraturan Yahudi jenis kejahatan yang diancam hukuman mati, dapat digantikan oleh alternatif lainnya seperti denda atau menjadi budak sampai kesalahan mereka termaafkan.

Pada awal periode post-kekristenan sudah mulai mempertanyakan nilai atau kegunaan dari hukuman-hukuman yang bersifat kejam seperti *symphatic punishment* atau hukuman mati. Khusus terhadap hukuman mati yang kejahatannya bersifat minor perusakan kecil *(body injuries)* dapat diganti dengan kompensansi berupa denda yang diberikan kepada keluarga korban. (Hank, 1997)

Walaupun peraturan di Alkitab dan juga peraturan Yahudi saling berkaitan satu sama lain, tapi ada terdapat poin-poin yang menunjukan bahwa peraturan di Alkitab lebih kejam atau keras dibandingkan peraturan Yahudi didalam prakteknya. Peraturan Yahudi sudah mengenal belas kasihan dan beberapa hak legal yang mendasar termasuk persamaan dimata hukum dan perlindungan atas tuduhan *(self-incrimination)*. Seseorang dapat dikatakan bersalah jika sudah terdapat bukti dan pengakuan, tanpa itu seseorang tidak diperbolehkan untuk dihukum. Selain itu seseorang baru dapat dinyatakan bersalah dan dihukum setelah ada peringatan terhadap mereka sebelum melakukan kejahatan tersebut. prosedur pelaksanaan tidak mempunyai ukuran yang jelas terutama dalam penggunaan saksi dalam peradilan. Saksi mata tidak dilihat perorang tetapi dihadirkan secara berkelompok. Jika salah satu kesaksian tidak cocok antara kesaksian lainnya maka kasus dianggap hangus. Untuk kejahatan yang bersifat minor, keputusan akan diambil hari itu juga sedangkan untuk kejahatan yang lebih besar maka keputusan dapat diambil di hari berikutnya. Hakim adalah penentu bagi nasib terhukum, sedangkan pertimbangan hakim hanya sebatas perasaan tanpa ada tolak ukurnya. (Hank, 1997).

Metode eksekusi yang dipakai kala itu cara melemparinya dengan batu sampai mati adalah hukuman yang paling lazim dan dianggap metode tercepat dalam mengeksekusi seseorang. Bila lemparan batu tidak membunuhnya maka akan diakhiri dengan menjatuhkan batu seberat 2 kali orang dewasa dan dijatuhkan di dadanya.

Hukuman mati juga ditemukan di peradaban Cina sekita 551 SM dalam tulisan Confucius. Confucius memberikan pengajaran kepada pengikutnya tentang bagaimana menjaga kesucian dengan menghilangkan keburukan. Untuk mencapai kehidupan suci dengan cara menjerakan tingkah laku jahat dengan penjatuhan hukuman berat. Confucius tidak secara langsung menyetujui hukuman mati, tapi adakalanya pemikirannya dijadikan justifikasi pemebrlakuan hukuman mati di Cina

Peradaban Yunani sekitar 800 SM memberlakukan hukuman mati terhadap kejahatan pembunuhan dan penghianat negara. Khusus penghianat dijatuhi hukuman mati, barang-barang mereka akan disita, rumahnya akan diruntuhkan, dan mayat mereka tidak boleh di kubur di Athena. Sedangkan untuk pembunuhan, hukumanya adalah *"blood price"* yaitu membayar nyawa dengan nyawa untuk memperoleh keadilan. Aturan Draco sekitar 621 SM terkenal dengan aturan pelik yang mengancam setiap kejahatan kecil atau besar dengan hukuman mati. Aturan Draco digantikan dengan kode Solon setelah lebih dari 25 tahun diberlakukan di Yunani. Aturan Solon lebih memberikan toleransi terhadap kejahatan-kejahatan minor, mengkategorisasikan kejahatan minor dan mayor.

Hukum *Twelve Table* di Romawi sekitar 450 SM menjatuhkan hukuman mati terhadap kejahatan pembunuhan. Pembunuhan anggota keluarga dijatuhi hukuman sangat kejam. Dalam *Lex Cornelia* (hukum Conelian) *"he who killed a father or mother, grandfather or grandmother, was punished by being whipped till he bled, sewn up in a sack with dog, cock, viper, and ape, and thrown into the sea* (siapa saja yang membunuh ayah atau ibu, kakek atau nenek, dihukum dengan ditebas sampai berdarah-darah, kemudian dijahit dan dilemparkan ke anjing, ayam, ular, dan monyet, dan dibuang ke laut)"

Budak dan orang asing lebih rentan mendapat hukuman berat dibawah hukum Roma dibandingkan hukum Yunani. Budak diperbolehkan untuk disiksa, sedangkan orang asing dieksekusi dengan *Crucifixion* (penyaliban)[2]. Eksekusi penyaliban merupakan hukuman kejam karena rata-rata kematian 9 hari setelah penyaliban.

1.2. Abad Pertengahan

Katolik Roma menjadi institusi penting di Eropa pada abad pertengahan antara abad ke-5 sampai ke-15. Pertengahan abad di Eropa, hukuman mati dijatuhkan atas penghianatan terhadap gereja. Eksekusi dilakukan terhadap penyihir wanita dan laki-laki, orang yang tidak percaya gereja, dan orang bid'ah. Eksekusi orang bid'ah yang paling terkenal Joan of Arc seorang petani perempuan yang berjuang bersama pasukan Prancis untuk mengusir tentara Inggris dari Prancis. Pendeta kala itu mengeksekusi Joan atas alasan memakai pakaian laki-laki dan karena memilih membela Prancis dibandingkan Inggris

---

[2] Crucifixion dicontoh dari eksekusi Kristus dengan cara menyalib terhukum. Kedua tangan dan kaki dipakukan ke salib kemudian digantung di lapangan atau tempat-tempat umum. Terhukum menemui ajal karna kehabisan darah, sesak nafas karena kurang zat asam dalam darah atau kelaparan. Waktu yang dibutuhkan lama sebelum terhukum benar-benar mati

Selanjutnya di abad pertengahan gereja katolik menyelidiki setiap orang dibeberapa negara untuk mencari keturunan bid'ah. Mengeksekusi setiap orang yang tidak mau menyatakan penyesalannya. Penyelidikan paling kejam di Spanyol menggunakan paksaan, siksaan, dan pembunuhan. Sekitar lima ribu orang dibakar karena tidak mau mengikuti kehendak gereja.

Masa regim Henry VIII di Inggris (1509-1547), eksekusi dilakukan besar-besaran dengan jumlah 7.200 korban eksekusi. Dibawah regim Henry kejahatan yang diancam hukuman mati, termasuk atas penyihir, penghianat, atau menikahi keturunan Yahudi. Setidaknya ada 222 kejahatan yang diancam hukuman mati di Inggris termasuk kejahatan yang bersifat minor. Pada tahun 1823 sampai 1837 ancaman hukuman mati dihilangkan sekitar 100 dari 222 kejahatan yang diancam hukuman mati. (Darling, 1998)

1.3. Era Modern

Eksekusi menjadi lumrah, karena dipakai untuk semua tindak kejahatan umum selama abad 17 dan 18. Tahun 1700-an, 222 kejahatan diancam hukuman mati, termasuk didalamnya mencuri domba atau menebas pohon tanpa izin. Perlahan, hukuman mati di Inggris digantikan dengan alternatif hukuman lain seperti hukuman kurungan atau deportasi untuk kejahatan minor. Hal ini juga diterapkannya ke negara jajahan Amerika dan Australi. Terhukum mati dapat dibebaskan dari eksekusi jika dia dapat membuktikan bahwa dia adalah jamaah gereja, biarawan, atau pendeta.

Abad ke-18 gerakan filosofis yang disebut dengan abad pencerahan mempertanyakan nilai tradisional yang dipertahankan di abad pertengahan, termasuk didalamnya kebijakan gereja. Pemikir seperti Jean Jacques Rousseau, Voltaire, dan Denis Diderot, John Locke, Jeremy Betham, David Human, Thomas Jefferson, Benjamin Franklin mulai mempertanyakan nilai moral hukuman mati. Cesare Beccaria dalam On Crime and Punishment tahun 1764 menyatakan penolakannya terhadap hukuma mati. Ia percaya hukuman kurungan seumur hidup lebih menjerakan masyarakat

1.4. Transisi Ekseksi Publik ke Privat

Sekitar abad 18, penghukuman difokuskan terhadap hukuman badan (corporal punishment) dan hukuman mati sedangkan penyiksaan merupakan unsur penting dalam penghukuman. Hampir semua jenis kejahatan baik itu pencurian, pencopetan, pemerkosaan, penyerangan dan pembunuhan dikenai sanksi hukuman mati. Khususnya di negara-negara monarki yang pemerintahannya dipimpin oleh raja atau ratu, kata penghukuman adalah bagian penting dari alat mereka untuk memerintah kerajaan nya.

Raja sengaja mempertunjukan proses eksekusi dengan harapan tidak ada yang berani melawan perintah raja, apalagi berusaha membunuhanya. Rakyat dipaksa berpikir ulang untuk melawan perintahan raja. Pelaksanaan eksekusi mengandung unsur spectacle dan hiburan. Eksekusi merupakan bagian dari seremonial wajib yang harus ditonton khalayak. Eksekusi digelar ditempat-tempat strategis untuk memudahkan orang-orang menonton jalannya proses eksekusi. Hal ini didasari oleh keyakinan untuk menghalangi orang lain melakukan perbuatan yang sama dan memperlihatkan otoritas penguasa. Proses eksekusi publik menekankan pada jumlah penonton, tempat dan waktu pelaksanaan serta khotbah sebelum eksekusi dimulai. Semua ini merupakan usaha untuk membentuk pikiran rakyat atas otoritas kekuasaan penguasa dan menanamkan ancaman ketakutan dan teror terhadap rakyatnya (Gerber dan Johnson. 2007)

Eksekusi publik dimaksudkan untuk memberikan pendidikan terhadap penonton agar mempertimbangkan lebih jauh perbuatan yang diancam dengan eksekusi. Eksekusi publik dianggap tepat untuk menjerakan atau menakut-nakuti rakyat dengan kematian. Tetapi yang terjadi adalah banyaknya simpati yang diberikan terhadap terhukum, ketentraman publik terancam akibat pemberontakan rakyat dan brutalisasis menjarah diseluruh komonitas. Kemudian eksekusi publik digantikan dengan eksekusi dibalik tembok penjara dengan harapan untuk dapat menyembunyikan rasa takut, dan keburukannya. Ini adalah awal perubahan ketika proses penghukuman mulai dilaksanakan secara tersembunyi (Kronenwetter: 2001).

Era abolisionis pertama tahun 1830, menentang eksekusi publik yang mempertontonkan proses eksekusi. Atas desakan *abolisionist* era pertama tersebut, terjadi perubahan terhadap cara mengeksekusi, walaupun tidak secara signifikan (Haines: 1996). Awal dari perubahan adalah dengan tidak memperlihatkan identitas terpidana mati dengan menutup wajahnya. Contoh pada abad ke-19, terhukum Fieschi, yang gagal membunuh Raja Louis-Phillipe, dibawa ke tempat eksekusi dengan baju biasa, telanjang kaki, dan wajah tertutup kerudung hitam. Eksekusi dilakukan tanpa mempertontonkan wajah terhukum, tetapi proses eksekusi masih dipertontonkan.

Memasuki abad ke-19 gerakan abolisionis semakin bergaung untuk menuntut eksekusi dilakukan tanpa diperlihatkan ke publik. Perubahan itu pertama kali dilakukan oleh Prancis eksekusi guillotine dipindahkan ke balik tembok penjara. Terhukum dibawa ke tempat eksekusi tanpa boleh dilihat umum. Jalan-jalan menuju ke tempat eksekusi pun diblokir. Eksekusi hanya boleh dihadiri oleh orang-orang yang berkempentingan saja. Mulai dari kasus inilah, pembunuhan tidak lagi dijadikan tontonan publik, tapi diakhiri dibelakang tembok. (Kronenwetter: 2001).

Sekitar tahun 1830-1860, negara-negara bagian utara mentransisikan eksekusi publik ke eksekusi di belakang tembok, sedangkan negara-negara selatan baru akan menstransisikan publik eksekusi ke privat eksekusi pada awal abad ke 20 (Banner. 2003). Walaupun begitu eksekusi tertutup menjadi kendala ketika pelaksanaan eksekusi tidak dapat dikontrol. Kemudian pihak jurnalis menghendaki diberikan otoritas untuk dapat memberitakan jalannya eksekusi. Pemerintah pun kemudian memutuskan untuk mengganti kebijakannnya dari dari eksekusi yang tertutup ke eksekusi yang dapat di monitor oleh orang-orang tertentu.

Enam negara bagian di Amerika yang pertama kali menghapus eksekusi publik tahun 1830 adalah negara-negara utara yaitu pulau Rhode, Pennsylvania, New Jersey, New York, Massacussets, dan New Hampshire. Mississippi dan Alabama adalah negara-negara selatan yang pertama kali menghapuskan eksekusi gantung depan publik ke belakang tembok (Kudlac. 2007). Di tahun 1860 *public hangging* secara resmi dihilangkan baik negara-negara utara maupun selatan dengan alasan nilai moral dalam pelaksanaan hukuman mati

Akhir dari abad-19 publik hanging dihapuskan di negara-negara Virginia, Kentucky, Maryland, Loisiana, Missouri, South Carolina, and Tennesse. Arkansas baru akan menghilangkan publik hanging di tahun 1901 kecuali untuk pemerkosaan yang dilakukan oleh ras hitam. Lima tahun kemudiaan Arkansas menghapus eksekusi publik tanpa untuk semua jenis kejahatan. Antara tahun 1909-1923 North Carolina, Oklahoma, Florida, dan Texas menghapus eksekusi publik. Publik eksekusi terakhir di Amerika ada ditahun 1936 negara Kentukcy yang dijatuhkan kepada Rainey Bethea. Eksekusinya dilakukan di lapangan kota yang disaksikan oleh sedikitnya 20000 penonton. Diawal tahun 1900, eksekusi privat tidak dilakukan dengan cara gantung tetapi dengan metode kursi listrik. Sejalan dengan transisi publik eksekusi ke private eksekusi juga merubah metode eksekusinya dari penjatuhan derita yang kejam ke arah yang dirasakan lebih manusiawi

1.5. Revolusi Metode Eksekusi

Metode eksekusi yang lazim dipakai sebelum era modern selalu mengandung "penyiksaan" yang kejam dalam proses eksekusinya. Kekejaman merupakan alat untuk memuaskan rasa dendam, kebencian, dan amarah terhadap korban. Dengan menggunakan penyiksaan maka terhukum dapat merasakan apa yang dirasakan korban (Sarat: 1999). Semakin tersiksa korbannya, maka rasa puas akan semakin terpenuhi. Metode eksekusi yang terkenal dijaman itu adalah (Lyons: 2003):

1. Burning.

Pembakaran merupakan metode eksekusi yang paling lazim digunakan oleh bangsa romawi untuk mengurangi populasi kristiani. Sebelum eksekusi, korban akan disiksa dengan cara membakar tangan dengan bara api, berjalan diatas bara api kemudian membasahi seluruh tubuhnya dengan minyak, menyalakan api dan melemparkannya ke lobang atau memasaknya hidup-hidup kedalam kuali yang mendidih. Diabad pertengahan, eksekusi dengan cara pembakaran diperuntukan khusus terhadap kejahatan pembakaran, orang bid'ah, dan penyihir. Salah satu eksekusi yang terkenal adalah St Lawrence yang sebagian badannya dimasak hidup-hidup, ketika dia meminta untuk segera mengakhiri penderitaanya (mempercepat kematian) tetapi justru orang-orang ingin melihat proses terbakarnya sebagian dari badannya dan menikmati kematian Lawrence dengan perlahan.

2. The auto-da-fe

Merupakan salah satu pengadilan masal dengan cara dibakar hidup-hidup bersama dalam rangka mempraktekan perayaan judaism (Yahudi). Kayu bakar untuk menyalakan api dan menerangi langit malam ditempat lebih tinggi agar publik dapat melihat dengan jelas proses seremonial. Perayaan ini merupakan kombinasi eksekusi, pelayanan agama, teater, dan propaganda yang biasanya diadakan untuk di hari libur bersama. Antara tahun 1587-1593 sekitar 368 penyihir dibakar hidup-hidup dan lbih dari 900 penyihir di tahun 1623-1633 pada pemerintahan Prince bishop of Wurzburg di spanyol termasuk didalamnya tokoh agama, keponakan dan anak-anaknya yang dituduh melakukan seks dengan iblis. Diperkirakan lebih dari 30.000 penyihir yang dibunuh dalam periode 150 tahun.

3. Crucifixion (penyaliban)

Metode eksekusi dilakukan dengan cara memaku kaki dan tangan di tiang, dan membiarkannya mati perlahan-lahan. Crucifixion ini juga berkaitan dengan sejarah kekristean, seeiring dengan berjalannya waktu penyaliban dianggap sebagai bentuk dari penghinaan atas kematian, dan hanya pantas diberlakukan terhadap budak dan penjahat yang paling buruk.

4. Guillotine

Dr Joseph Guillotin's yang pertamakali menemukan metode eksekusi ini yang bertujuan untuk mengeksekusi terpidana mati tanpa harus merasakan sakit. Ia menamai alat tersebut dengan namanya sendiri. Guillotine dianggap sebagai alat revolusioner di Prancis yang efficient dan bersifat egaliter. Tidak ada lagi pemenggalan untuk si kaya dan hukuman gantung untuk si miskin, atau siksaan terhadap orang yang bersalah terhadap agama, dengan menggunakan cara guillotine setiap orang mati dengan cara terhormat.

5. Hanging (hukuman gantung)

Metode eksekusi ini sederhana, mengikatkan tali disekeliling leher terhukum, dipaksa untuk naik tangga dan kemudian menjatuhkan tangganya. Tubuh terhukum tidak akan dihentakan supaya lehernya tidak patah dan kematian datang karena usahanya untuk melepaskan diri. Dengan cara begini maka terhukum akan mati perlahan. Metode ini banyak digunakan di abad ke 15 sampai 17 di Anglo Saxon Inggris

Meningkatnya gerakan abolisionis menuntut eksekusi dilakukan dengan cara yang lebih menusiawi. Di abad 21, eksekusi dilakukan dengan cara:

1. Dengan menggunakan listrik (electrocution)

Metode dengan menggunakan kursi listrik pertama kali digunakan di penjara Auburn di New York pada 6 Agustus 1890 kepada terpidana pembunuhan. Abad ke 20, kursi listrik ini digantikan dengan metode lethal injection yang dirasakan lebih "manusiawi". Hanya 10 negara pada tahun 2003 masih menggunakan kursi listrik. Metode ini dilakukan dengan cara mengamankan kaki, tangan, kepala, dada yang dihubungkan ke elektroda untuk menyetrumnya ditempat-tempat vital agar langsung mati.

2. Suntik mati (Lethal injection)

Dipakai di sebagian besar negara united states of America, diperkenalkan pada tahun 1977 di Okhahoma dan Texas. Metode eksekusi ini sudah dipakai di sekitar 37 negara. Lethal injection dengan cara menyuntikan racun ketubuh terhukum tujuannya untuk menghilangkan kesadaran, membuat otot-otot tidak dapat bergerak kemudian membuat hati berhenti berdetak. Metode ini dianggap lebih baik dibandingkan dengan menggunakan listrik.

Lethal injection mengandung 3 racun utama[3] yaitu *sodium thiopental, pancuronium bromide, dan potassium chloride,* ketika kandungan racun ini diinjuksikan kedalam pembuluh darah dengan menggunakan *intravenous* (IV). *Sodium thiopental* digunakan untuk membuat orang mati rasa, atau tidak sadar. *Pancuronium bromide* berfungsi untuk melumpuhkan organ dalam tubuh dan membuat berhenti bernafas. Dan *porassium chloride* untuk memberhentikan kerja jantung untuk berdetak

3. Ditembak (shooting)

Dianggap sebagai metode yang umum dipakai di banyak negara dewasa ini. pada tahun 2001 sekitar 2.500 orang dieksekusi di Cina dengan cara ditembak. Dan sekitar 70 negara memakai cara ini untuk mengeksekusi terhukum, termasuk Indonesia.

1.6. Transisi Pemerintahan Monarki ke Arah Demokrasi

Sistem pemerintahan Monarki merupakan sistem pemerintahan tertua di dunia. Kekuasaan berada ditangan raja atau ratu oleh sebab itu penghukuman dipakai untuk menegaskan kekuasaan raja atau ratu. Sudah dijelaskan sebelumnya sejarah awal dari hukuman mati berasal dari negara yang menganut sistem pemerintahan monarki. Penghukuman di negara-negara monarki merupakan perpanjangan tangan raja untuk dapat mengatur rakyatnya. Penghukuman awalnya merupakan konsekuensi perbuatan yang tidak menyenangkan langsung terhadap raja atau menyerang secara personal kepada raja. Setiap orang yang menentang raja, tidak mematuhi perintah raja apalagi usaha membunuh raja akan berakhir ditangan algojo. Raja adalah orang yang berkuasa dan tidak pernah salah.

Begitu juga dengan eksekusi publik yang memperlihatkan kekuasan raja yang tidak terbatas. Hukuman mati ini dilakukan dengan cara menyiksa perlahan sampai mati atau menjatuhkan rasa sakit yang hebat kepada terhukum sebagai ritual yang dilakukan oleh penguasa atau raja. Eksekusi dilakukan di depan publik untuk memperlihatkan kekuasaan raja dan mengindentifikasikan bahwa kekuatan raja sampai pada nyawa rakyatnya. Nyawa rakyat adalah properti oleh raja untuk mengokohkan kekuasaanya.

---

[3] The Arizona lethal injection protocol is available at the State of Arizona Department of Corrections Web site: www.azcorrections.gov atau prisons atau Florence

Hukuman mati pada pemerintahan monarki hanya mengenal 2 mashab yaitu retribusi dan deterrence. Mashab retribusi merupakan reaksi naluriah atas tindak kejahatan yaitu pembalasan. Setiap perbuatan khususnya yang langsung menyerang raja akan dipastikan berakhir pada eksekusi. Selain itu hukuman yang dijatuhkan sama dengan kerugian yang diderita korban. Karena itu dasar dari retribusi ini merupakan pemaksaan atas tebusan tindak kejahatan yang dilakukan.

Perkembangan penghukuman tidak hanya sebagai alat pembalasan saja, tapi juga ditujukan untuk memberi efek deterrence, yang dapat dijadikan pelajaran oleh orang lain yang ingin melakukan perbuatan yang sama yang diancam oleh hukuman mati. Tujuan efek deterrence memaksa pelaku kejahatan potensial untuk berpikir rasional, mengkalkulasikan antara *pleasure* (kesenangan) dengan penderitaan hukuman yang dijatukan. Hukuman dibuat bertujuan menambah deritaan dan menghilangkan kebahagiaan (pleasure). Efek deterrence juga dimaksudkan untuk menjerakan rakyat agar tidak melanggar hukum. Kedua mashab ini berkembang sampai abad ke 19, pada saaat negara monarchi diperintah oleh kekuasaan absolut raja.

Pada awal kurun abad ke-19, terdapat lebih 900 buah tahta kerajaan di dunia, tetapi menurun menjadi 240 buah dalam abad ke-20. Sedangkan pada dekade kelapan abad ke-20, hanya 40 takhta saja yang masih ada. Dari jumlah tersebut, hanya empat negara mempunyai penguasa monarki yang mutlak dan selebihnya terbatas kepada sistem konstitusi[4]. Hal ini menunjukan bahwa sistem pemerintahan monarki sudah tidak "populer" lagi digunakan, negara-negara ini kemudian berpindah untuk menganut sistem pemerintahan demokrasi atau monarki konstitusi dewasa ini.

Seiring dengan anggapan bahwa sistem pemerintahan ideal adalah demokrasi, yang mementingkan kedaulatan rakyat, ikut mempengaruhi perkembangan hukuman mati. Cikal-bakal bentuk pemerintahan demokrasi awalnya berasal dari peradaban yunani dan romawi.

Peradaban Yunani dan Romawi yang merupakan peradaban besar, punya catatan kelam dalam pelaksanaan hukuman mati. Nenek moyang Yunani dan Romawi membagi masyarakatnya per kelas antara bangsawan, masyarakat biasa

---

[4] http: atau atau forum.vivanews.com atau showthread.php?t=95630.

dan budak. Hukum dipakai berbeda-beda tergantung status sosial, semakin berada dikelas bawah semakin berat hukuman yang dijatuhkan.

Draco's code adalah peraturan pertama yang menggabungkan ide dari *state punishment* (negara yang menghukum) dan memerintahkan untuk memberlakukan hukuman mati untuk semua jenis kejahatan sampai pada hukuman minor seperti pencurian kecil-kecilan. Atas dasar musyawarah bersama dibentuk alternatif penghukuman lain seperti pembuangan, untuk pembunuhan atas dasar pembelaan. Ada pertentangan antara pembuat kebijakan yang menyatakan hukuman mati untuk semua jenis kejahatan tidak dapat dibenarkan. Tahun 594 SM seorang penyair Solon ditunjuk untuk menyempurnakan Darco's code. Aturan Solon membagi kategori kejahatan minor dan mayor. Hanya kejahatan mayor yang diacam hukuman mati. Dia tidak hanya melindungi kepentingan golongan atas saja, tetapi juga memberikan perlindungan terhadap rakyat golongan menengah dan bawah. Distribusi kekayaan sampai pada hak-hak untuk si kaya dan si miskin terpenuhi dan juga mengahapus hukuman-hukuman kejam peninggalan Draco's code.

Satu langkah lebih maju peradaban Romawi sekitar 870 juta orang hidup dibawah sistem dan hukum Romawi. Salah satu bentuk peraturannya adalah *"the twelve table"* yang mewakili kemenangan hak politik dan judicial dari golongan *plebeians*. *The twelve table* menjadi fondasi hukum Romawi oleh para legislator di negara-negara republik maupun kerajaan. Bangsa Romawi jarang sekali menjatuhkan hukuman mati terhadap rakyatnya kecuali pada kasus-kasus tertentu, tetapi untuk para budak atau orang asing, diberlakukan hukuman mati. Penyiksaan tidak boleh dilakukan tetapi juga tidak bisa dihilangkan.

Dalam usaha menuju demokrasi, di Athena sekitar abad-8 SM ditandai dengan diberlakukannya *"legal rights"* (hak legal). Perkembangan *legal rights* tidak berlaku pada masa kegelapan dan peperangan akibat absennya pemerintahan sentral. Maka kekuasaan diserahkan pada raja-raja lokal, Sama seperti bentu pemerintahan monarki bahwa raja mempunyai otoritas yang absolut didalam daerahnya dan tentu juga punya kekuasaan untuk menghukum rakyatnya.

Setelah kekuasaan disatukan kembali pada satu tangan pemberlakuan *legal rights* kembali diberlakukan. Rakyat diperbolehkan untuk berbicara atau menyampaikan pembelaan dengan hormat, menggunakan kata-kata yang sopan. Walaupun keluhan atau pembelaan dari rakyat yang berasal dari golongan bawah tidak mendapat perhatian dan *legal rights* mereka dibatasi. Untuk kejahatan yang mengancam orang banyak (publik) dikenakan hukuman mati. Sedangkan untuk kejahatan yang bersifat personal seperti pembunuhan maka penghukumannya diserahkan kepada keluarga korban. Tujuannya adalah untuk memberikan pilihan hukuman pembalasan dengan denda uang bagi keluarga korban. Sekitar abad- 7 SM, dasar demokrasi sudah semakin baik ditandai dengan permintaan untuk berpolitik dan mendapatkan *legal rights* bagi masyarakat kelas menengah ke bawah untuk mencegah keputusan yang semena-mena dari raja.

Dua peradaban baik yunani manupun romawi menjadi warisan demokrasi dan hukum legal yang dipakai banyak negara dewasa ini. Demokrasi berbicara tentang kepentingan rakyat dan perlindungan rakyat yang dilakukan oleh negara. Sentral pemerintahan (negara) berkewajiban mengikuti aspirasi rakyat, karena rakyat memegang peranan penting. Hak-hak legal rakyat dijunjung tinggi dan tidak boleh dilanggar dalam kondisi apapun.

Hukuman mati merupakan suatu kesalahan yang tidak dapat dibicarakan dalam negara demokrasi. Demokrasi adalah kedaulatan rakyatnya, dan kekuasaan ditangan rakyat. Negara demokrasi yang masih memberlakukan hukuman mati, secara tidak langsung rakyatnya menyetujui pembunuhan terhadap warga negara lainnya. hal ini memperlihatkan kita semua merupakan agent negara untuk melakukan pembunuhan secara legal.

Transisi regim monarki ke demokrasi memperlihatkan hukuman mati merupakan bekas regim monarchi masih bersisa atau bernyawa. Ide demokrasi tidak seharusnya mengandung unsur "vengeance" (balas dendam) dalam peraturannya (Sarat. 1999). Hukuman mati menurunkan wibawa demokrasi, selain mengakui ketidakmampuan dan kelemahan negara. Melihat sejarahnya, hukuman mati itu bukan hanya tentang kekuasaan tetapi juga dominasi atas subjek yaitu rakyat. Hal ini memperlihatkan hukuman mati bukan dikarenakan hukum sudah tidak dapat diberlakukan lagi atas diri subjek tetapi malah sebaliknya memperlihatkan kekuatan yang lebih besar dari hukum.

1.7. Persebaran Hukuman Mati di Dunia

Dewasa ini persebaran hukuman mati di dunia menunjukan kecenderungan untuk menghapus hukuman mati, tapi beberapa negara masih memberlakukannya bahkan dengan eksekusi yang tidak sedikit jumlahnya. Negara yang seharusnya yang memihak rakyat tapi melaksanakan fungsinya. Berikut ini adalah negara yang jumlah terpidana mati terbanyak didunia:

atau sumber: www.antideathpenalty.org atau statistics.htm. *sumber data statistik hukuman mati didunia* tahun 2010

Data diatas memperlihatkan bahwa Cina sebagai negara pemegang rekor dalam penjatuhan hukuman mati. Adapun hukuman mati di Cina:

1.7.1. Hukuman Mati di Cina

Hukuman mati paling banyak dijatuhkan oleh Cina. Menurut data dari Amnesty International tahun 2008, hukuman mati di Cina berkontribusi sekitar 60%-80% dari total eksekusi dunia. Undang-undang pidana yang mengancam hukuman mati atas kurang lebih 68 jenis tindak kejahatan, tindak hanya kejahatan kekerasan, tetapi juga kejahatan ekonomi, ancaman kejahatan yang melanggar ketertiban umum, keamanan umum dan korupsi. Ada beberapa karakteristik unik dari hukuman mati di Cina yang pertama, hukuman mati tidak dijatuhkan kepada anak yang berumur kurang dari 18 tahun dan perempuan yang sedang hamil (ketika berada dipengadilan). Kedua, hukuman mati seringkali ditangguhkan dalam kenyataanya hanya mementingkan penjatuhan hukuman mati sedangkan untuk mengeksekusi dapat mengikuti belakangan (tidak menjadi hal penting). Ketiga, hukuman mati di Cina sangat tertutup, termasuk jumlah asli terpidana yang dijatuhi hukuman mati dari tahun ketahun. (Hong, 2008)

Diperkirakan jumlah dari penjatuhan hukuman mati di Cina diperkirakan antara 1.000-6000 per atau tahun. Bagaimanapun juga tidak diketahui penambahan atau pengurangan dengan jelas antara periode tahun 1994-2008. Menurut Amnesty International kontribusi Cina dalam hal hukuman mati terlihat dari:

Bagan 1.2

Perkembangan Hukuman Mati di Cina

atau

Sumber: Amnesty International 2008

Rata-rata usia terpidana yang dijatuhi ukuman mati adalah 32 tahun (berkisar antara 17-67 tahun). Mayoritas terpidana mati adalah laki-laki sekitar 93% dengan status pekerjaan rendah sekitar 67% dan status migran sekitar 42%. Jumlah dari terpidana yang benar-benar mempunyai catatan kejahatan sekitar 14%. Hanya sekitar 15% terpidana yang mengakui kejahatan yang dilakukannya yang mana jauh lebih rendah dari pengakuan terpida atas kejahatan non hukuman mati yaitu sekitar 40%.

Sedangkan rata-rata lamanya proses peradilan kasus hukuman mati di pengadilan tinggi tanpa banding adalah 273 hari (berkisar antara 7 hari sampai 1.960 hari) dan lamanya proses peninjauan akhir yang sisetujui oleh pengadilan tertinggi memakan waktu rata-rata 449 hari (berkisar antara 62 sampai 1.965 hari). Lamanya waktu terpidana mati di death row justru relatif singkat. Berdasarkan kitab undang-undang pidana Cina setelah menerima keputusan akhir untuk mengeksekusi dari pengadilan tertinggi, 7 hari setelahnya eksekusi harus dilakukan.

Metode eksekusi yang dipakai di Cina adalah eksekusi tembak atau dengan suktik mati (lethal injection). Lethal injection pertama kali diperkenalkan di tahun 1997, yang pertama kali dipakai dinegara barat baru kemudian diikuti oleh negara lainnya.

Sejarah panjang hukuman mati yang pertama kali tercatat dilakukan oleh dinasti Shang (1700-1027 SM). Hal ini merupakan sejarah tradisi dari peraturan ke-dinasti-an, era republik, dan People's Republic of Cina (PRC) yang membenarkan hukuman mati sebgai dasar dari retribusi, deterrence dan incapacitation. Seperti ungkapan tradisional di Cina yang menjadi pencerminanan dasar retribusi dan *deterrence "a life for a life, killing one to warn a hundred, killing a chicken to warn a monkey* (nyawa untuk nyawa, membunuh satu orang untuk memperingatkan 1000 orang, membunuh satu ekor ayam untuk memperingatkan monyet)" (Hong, 2008)

Pemikir besar Cina Konfusius atau Kong Hu Cu (551- 479 SM) dalam tulisannya juga menyatakan dukungannya terhadap hukuman mati. Konfusius percaya bahwa untuk menjalani atau mendapatkan kehidupan luhur dan suci dengan cara menjerakan pelaku kejahatan dengan sanksi yang berat. Hasil pemikiran ini yang mnjadi salah satu justifikasi hukuman mati yang dijatuhkan di Cina.

Hukuman mati juga dijadikan salah satu alat politik oleh para politisi dengan menunjukan bahwa mereka tegas terhadap kejahatan, kejahatan harus dibasmi sampai keakar-akarnya dan hukuman mati adalah salah satu alat untuk memberikan edukasi bagi pelanggar kejahatan serius. President Cina baru ini Hu Jintao, perdana mentri Wen Jiabao, dan president peradilan tertinggi Xiao Yang[5] menyatakan bahwa Cina tidak akan menghapus hukuman mati dalam kondisi sosial saat ini, tetapi memastikan hukuman mati akan dilakukan dengan seadil-adilnya dan hati-hati.

---

[5] 10th National People's Congress and Chinese People's Political Consultative Conferences. 9 maret 2005. http: atau atau www.Cina.org.cn atau english atau 2005lh atau 122235.htm

Ketegasan Cina terhadap jenis kejahatan yang diancam hukuman mati termasuk didalamnya korupsi dan penghianatan terhadap negara pada awal 1950-an ketika tingkat korupsi sangat tinggi di Cina.

1.7.2. Hukuman Mati di Indonesia

Indonesia merupakan negara yang juga masih menerapkan hukuman mati sebagai salah satu hukuman pokok tertuang dalam pasal 10 KUHP. Secara historis, hukuman mati lahir dari warisan hukum kolonial Belanda. Dimasa penjajahan kolonial, praktek hukuman mati berlaku. Diperkenalkan dalam beberapa peraturan VOC berupa hukum plakat yang berlaku terbatas di beberapa wilayah yang dikuasai oleh VOC. Konsolidasi pertama penggunaan jenis hukuman ini secara menyeluruh di Indonesia adalah pada tahun 1808 atas perintah Dendles lahirlah sebuah peraturan mengenai hukum dan peradilan *(Raad van Indie)* dimana dalam salah satu kebijakannya itu ialah mengenai pemberian hukuman mati yang dijadikan kewenangan Gubernur jendral. Dinyatakannya bahwa sebelum hukuman mati dapat dilakukan, maka perlu diperoleh *fiat executie* dari Gubernur jendral kecuali, dalam hukuman mati yang dijatuhkan oleh penguasa militer karena kondisi pemberontakan.

Menurut Plakat tertanggal 22 April 1808, maka pengadilan memperkenalkan metode eksekusi dengan: a. Dibakar hidup terikat pada sebuah tial (paal), b. Dimatikan dengan mengunakan keris (kerissen). Tetapi kemudian tahun 1848 ada perubahan dalam hukum pidana, salah satu isinya menyatakan bahwa eksekusi hukuman mati yang dilakukan dengan cara menggantung terpidana (galg). (Eddyono dan wagiman. 2007)

Di masa Daendeles motif melakukan konsolidasi hukum pidana dan menerapkan kebijakan hukuman mati disamping karena sifatnya hanya menyesuaikan hukuman antara hukum pidana tertulis dengan sistem hukum lokal. Daendeles bertindak ganas dengan melakukan konsolidasi menerapkan hukuman mati (dan hukuman kejam lainnya) karena ia bertugas untuk mempertahankan pulau jawa dari serangan angkatan perang Inggris dan oleh sebab itu sangat takut akan kemungkinan timbulnya pemberontakan rakyat jajahan. Dendals menggunakan teror terhadap pribumi dengan harapan akan dapat mempersatukan pribumi dalam satu kekuatan (paksaan).

Diberlakukannya kodifikasi hukum pidana dalam Wetboek van Strafrecht voor Inlanders (indonesiers) atau WvSinl pada tanggal 1 Januari 1873. Adanya perkembangan baru lahirnya kodifikasi pertama hukum pidana yang ada di Belanda, maka WvSinl disesuaikan dengan perkembangan unifikasi hukum pidana di seluruh wilayah Indonesia. Artinya warisan hukum Belanda tetap berlaku termasuk didalamnya hukuman mati.

Sedangkan di Belanda sendiri tahun 1870, tiga tahun sebelum di berlakukannya WvSinl di Hindia Belanda, hukuman mati telah dihapuskan. Hukuman mati dipertahankan di Hindia Belanda ketika itu dipandang sebagai hukum darurat dan penerapan hukuman mati ini di Hindia Belanda dibatasi pada kejahatankejahatan yang di anggap terberat oleh pemerintah Koloni. Kejahatan yang dijatuhi hukuman mati meliputi kejahatan berat terhadap keamanan negara, pembunuhan, pencurian dan pemerasan dengan pemberatan, perampokan, pembajakan pantai pesisir dan sungai.

Dimasa pembentukan kodifikasi hukum pidana (WvSI) dengan melakukan unifikasi hukum pidana, pemerintah kolonial Belanda tetap mempertahankan hukuman mati di daerah jajahannya termasuk Indonesia. Berbeda dengan perkembangan kodifikasi Hukum Pidana di Belanda dimana pada tahun 1870 hukuman mati di Belanda justru dihapuskan. Motif pemerintahan Kolonial Belanda masih mempertahankan hukuman mati tersebut sangatlah beragam, namun pada intinya pencantuman hukuman mati tersebut memiliki motif rasial, alasan karena faktor ketertiban umum dan konteks hukum pidana dan kriminologi pada masa itu (Sahetepy. 1979)

Pemberlakuan sanksi adalah bentuk politik kolonial Belanda untuk memberikan rasa takut bagi rakyat jajahan, dan usaha mempertahankan kekuasaannya. Teror kekerasan digunakan untuk tetap menjaga agar negara jajahan tetap terkontrol atau terkendali. Setelah Indonesia merdeka, seharusnya tidak ada alasan lagi memberlakukan hukuman mati sebagai salah satu pidana pokok. Selain itu dewasa ini kecenderungan global utnuk menghapus hukuman mati berkebalikan dengan sikap yang diambil Indonesia.

Keberadaan hukuman mati di Indonesia didasari pada pasal 10 KUHP yang menyatakan bahwa salah satu bentuk hukuman pokok adalah pidana mati tidak terlepas dari kontroversi. Dalam perspektif Konstitusi, Indonesia memang memiliki Pasal 28A UUD 1945 yang berbunyi, "Setiap orang berhak untuk hidup serta berhak mempertahankan hidup dan kehidupannya" yang apabila dikaitkan dengan Pasal 28I ayat (1) UUD 1945 diakui sebagai hak yang "tidak dapat dikurangi dalam keadaan apa pun". Akan tetapi, menjadi persoalan yang masih selalu menjadi perdebatan yang belum final, dengan adanya Pasal 28J ayat (2) UUD 1945 yang berbunyi,

"Dalam menjalankan hak dan kebebasannya, setiap orang wajib tunduk kepada pembatasan yang ditetapkan dengan undang-undang dengan maksud semata-mata untuk menjamin pengakuan serta penghormatan atas hak dan kebebasan orang lain nilai-nilai agama, keamanan, dan ketertiban umum dalam suatu masyarakat yang demokratis". (Mukthie, 2009)

Ketentuan yang bernuansa membatasi HAM yang sebenarnya juga sekedar mengadopsi Pasal 29 ayat (2) The Universal Declaration of Human Rights (UDHR) yang berbunyi "Di dalam menjalankan hak-hak dan kebebasan-kebebasannya setiap orang harus tunduk hanya kepada pembatasan-pembatasan yang ditetapkan oleh undang-undang dengan maksud semata-mata untuk menjamin pengakuan serta penghormatan yang layak bagi hak-hak dan kebebasan-kebebasan orang lain, dan untuk memenuhi syarat-syarat yang adil dari kesusilaan, tata tertib umum dan kesejahteraan umum dalam suatu masyarakat demokratis (*In the exercise of his rights and freedoms, everyone shall be subject only to such limitations as are determined by law solelyfor the purpose of securingduerecognition and respectfor the rights and freedoms of others and of meeting the just requirements of morality, public order and the general welfare in a democratic society*).

Masih menjadi perdebatan apakah Pasal 28J ayat (2) UUD 1945 dapat menegasi Pasal 28I ayat (1) yang sering dipandang sebagai ketentuan mengenai HAM yang bersifat "*non-derogable*". Akan tetapi, praktiknya, DPR, Pemerintah, dan sebagian para ahli setidak-tidaknya yang hadir memberi keterangan di persidangan MK), cenderung menjadikan Pasal 28J ayat (2) UUD 1945 sebagai senjata atau alasan untuk menghadapi berbagai tuntutan pemenuhan HAM, termasuk HAM yang "*non-derogable*" yang tercantum dalam Pasal
28I ayat (1) UUD 1945 yang berbunyi, "Hak untuk hidup, hak untuk tidak disiksa, hak kemerdekaan pikiran dan hati nurani, hak beragama, hak untuk tidak diperbudak, hak untuk diakui sebagai pribadi di hadapan hukum, dan hak untuk tidak dituntut atas dasar hukum yang berlaku surut adalah hak asasi manusia yang tidak dapat dikurangi dalam keadaan apa pun."

Hal ini memperlihatkan ketidakkonsistenan pemerintah dalam mengambil sikap, disatu sisi hukuman mati dilarang dalam bentuk papaun tapi dilain sisi hukuman mati cenderung dari periode ke periode di sadur dalam perundang-undangan Indonesia.

Selain dari itu Indonesia ikut menandatangani Deklarasi Universal HAM Kovenan Internasional Hak Sipil Politik dan Konvensi menentang penyiksaan dan perlakuan atau hukuman lain yang kejam, ketiganya secara jelas menyatakan hak atas hidup merupakan hak setiap manusia dalam keadaan apapun dan adalah kewajiban negara untuk menjaminnya.

Terdapat 12 Undang-undang yang juga terbagi dalam banyak pasal yang mengandung ancaman hukuman mati. Lihat tabel 4.2

Tabel 1.3

Perundang-Undang yang mengandung

ancaman hukuman mati

UU	Pasal
Kitab Undang-undang Hukum Pidana (KUHP)	Pasal 104, 111 ayat (2), 124, 140 ayat (3), 340, 365 ayat (4), 444, 124 bis, 127, 129, 368 ayat (2)
UU No 12 Tahun 1951 Tentang Senjata Api	Pasal 1 ayat (1)
Penetapan Presiden No 5 Tahun 1959 Tentang Wewenang Jaksa Agung atau Jaksa Tentara Agung dalam hal memperberat ancaman hukuman terhadap tindak pidana yang membahayakan pelaksanaan perlengkapan sandang pangan	Pasal 2
Perpu No 21 Tahun 1959 Tentang memperberat ancaman hukuman terhadap tindak pidana ekonomi	Pasal 1 ayat (1) dan (2)
UU No 11 atau PNPS atau 1963 Tentang Pemberantasan Kegiatan Subversi	Pasal 13 ayat (1) dan (2), Pasal 1 ayat (1)
UU No 31 atau PNPS atau 1964 Tentang Ketentuan-Ketentuan Pokok Tenaga Atom	Pasal 23
UU No 4 Tahun 1976 Tentang Perubahan dan Penambahan Beberapa Pasal dalam KUHP bertalian dengan Perluasan Berlakunya Ketentuan Perundang-undangan Pidana Kejahatan Penerbangan dan Kejahatan terhadap Sarana atau Prasarana Penerbangan	Pasal 3, Pasal 479 huruf (k) dan (o)
UU No 5 Tahun 1997 Tentang Psikotropika	Pasal 59 ayat (2)
UU No 22 Tahun 1997 Tentang Narkotika	Pasal 80 ayat (1), (2), (3) Pasal 82 ayat (1), (2), dan (3)
UU No 31 Tahun 1999 Tentang Pemberantasan Korupsi	Pasal 2 ayat (2)
UU No 26 Tahun 2000 Tentang Pengadilan HAM	Pasal 36, 37, 41, 42 ayat (3)
UU No 15 Tahun 2003 Tentang Pemberantasan Tindak Pidana Terorisme	Pasal 6, 8, 9, 10, 14, 15, 16.

Sumber: Impartial 2004

Peraturan diatas menunjukan ke-ambiguitas-an sikap yang diambil oleh Indonesia atas pemberlakuan hukuman mati. Ketika dilain pihak sebagai salah satu anggota PBB harus mentaati peraturan International, tapi dilain pihak masih memberlakukan hukuman mati.

Hal ini menunjukan ketidakpekaan pemerintah dan ketidaksejalanan antara suatu aturan dengan aturan lainnya. Penerapan hukuman mati juga menunjukkan wajah politik hukum Indonesia yang kontradiktif. Padahal semenjak era reformasi atau transisi politik berjalan telah terjadi berbagai perubahan hukum dan kebijakan negara. Meski hukuman mati masih melekat pada beberapa produk hukum nasional, namun reformasi hukum juga menegaskan pentingnya hak untuk hidup.

Perkembangan terakhir mencerminkan kemauan yang berwenang untuk menggunakan pidana mati dalam menangani masalah kriminal, khususnya masalah perdagangan narkoba. Meningkatnya jenis kejahatan yang dijatuhi hukuman mati mencerminkan adanya kemunduran di bidang hak asasi manusia (HAM) di Indonesia. Saat ini hukuman mati tidak hanya dapat dijatuhkan pada pelaku kejahatan yang berhubungan dengan masalah pembunuhan; kejahatan menentang keamanan negara; pembunuhan Presiden atau Wakil Presiden tapi juga kejahatan yang berhubungan dengan narkoba. Berlawanan dengan kecenderungan internasional yang ingin menghapuskan atau mengurangi jumlah kasus kejahatan yang dapat dijatuhi pidana mati, dua undang-undang yang berhubungan dengan kejahatan terhadap kemanusiaan dan terorisme yang telah diadopsi selama empat tahun terakhir mencantumkan pidana mati atas beberapa kejahatan. Pada tahun-tahun belakangan ini juga telah ada seruan untuk menjatuhkan pidana mati bagi pelaku penebangan kayu ilegal dan pelaku korupsi.

Dari temuan data yang peneliti dapatkan, untuk periode 2008 kasus narkoba dan psikotropika adalah kasus yang paling banyak divonis hukuman mati. Perdagangan obat-obatan terlarang yang diancam hukuman mati akibat dari meningkatnya violant crime atas penyalahgunaan narkoba. Dari data diatas terlihat bahwa kejahatan narkotika merupakan salah satu kejahatan yang dianggap serius bahkan melebihi pembunuhan

Tabel 1.4
Data jumlah terpidana mati hingga Okt 2008 versi
jaksa muda tindak pidana umum,

kejaksaan agung	
Jenis kasus	Jumlah
Kasus pembunuhan	32 kasus
Kasus terorisme	7 kasus
Kasus narkotika	68 kasus
Lain-lain	

Tabel 1.5. Jenis kejahatan beserta keterangan status terpidana mati tahun 2007

No	Jenis Kejahatan	Keterangan		Jumlah
		Dlm proses hukum	Berkekuatan hukum tetap	
1	Kejahatan terhadap negara	-		
2	Kejahatan pembunuhan berencana	29	15	
3	Perampokan dengan pembunuhan	26	6	
4	Terorisme	3	-	
5	Narkoba	39	15	
6	Korupsi	-		

Sumber : Subdit registrasi pada direktorat jendral pemasyarakatan tahun 2007.

Presiden Megawati Sukarnoputri telah mengambil posisi kuat dalam penggunaan pidana mati bagi pelaku kejahatan khususnya perdagangan narkoba. Pada tahun 2002 dia menyatakan bahwa *"Bagi mereka yang mendistribusikan obat terlarang, hukuman seumur hidup dan hukuman penjara lain tidak lagi mencukupi. Tidak ada hukuman yang mencukupi selain pidana mati"*[6]. Dia juga menyatakan bahwa dia tidak akan memberikan grasi kepada mereka yang terlibat perdagangan tersebut. Pada bulan Juni 2004, ketika menolak permohonan lima orang pelaku perdagangan obat terlarang, dia menyatakan bahwa *"Saya harus menegaskan di sini bahwa adalah merupakan kewajiban saya untuk melindungi anak-anak dan remaja kita dari ancaman pelanggaran dan jual-beli narkoba"*.[7] Pada bulan September 2004 dia mengatakan bahwa *"Karena besarnya bahaya narkoba yang telah mengancam generasi muda kita, saya akan menegakkan pidana mati bagi seluruh kejahatan yang berhubungan dengan narkoba"*.[8]

---

[6] "Mega: It must be death for drug-traffickers", *Agence France Press*, 27 Juni 2002

[7] "More drug traffickers clemency pleas rejected", *The Jakarta Post*, 9 Juli 2004.

[8] "President upholds death sentence for drug-dealers", *The Jakarta Post*, 6 September 2004.

Untuk perdagangan dan penggunaan narkoba yang diancam hukuman mati, banyak anggapan yang menyatakan bahwa narkoba bukanlah kejahatan berat yang harus diancam hukuman mati, karena dianggap setiap negara mempunyai masalah yang sama. Hal ini didukung oleh PBB yang tidak mengesahkan penggunaan hukuman mati untuk menekan masalah perdagangan dan penggunaan narkoba. Seperti yang diungkapkan pelapor Khusus PBB terhadap eksekusi yang ekstrajudisial, *"pidana mati harus dihapuskan bagi kejahatan seperti kejahatan ekonomi dan pelanggaran sehubungan dengan obat terlarang"*[9]

Intisari :

Hukuman mati merupakan hasil peradaban bar-bar yang pemberlakuannya didasarkan pada unsur pembalasan dendam. Dewasa ini nilai-nilai kemanusiaan menjadi isu yang bernilai, karena kita menyebut diri sebagai bangsa yang beradab. Walaupun terjadi revolusi dalam penerapan hukuman mati, namun bila negara masih memberlakukannya berarti unsur bar-bar masih bersisa dan bernyawa dalam peradaban kita. Tidak sepantasnya kita mengaku sebagai bangsa yang beradab, jika masih memberlakukan hukuman mati.

Walaupun begitu perkembangan hukuman mati menunjukan keberhasilan usaha abolisionis dalam menghapus praktek hukuman mati. Usaha penghapusan hukuman mati dilakukan dengan mencari kelemahan dan diperkuat dengan studi dan argumen-argumen yang mendukung. Oleh karena itu di bab selanjutnya akan dijelaskan alasan penolakan hukuman mati dalam sistem peradilan pidana.

---

[9] "Drug trade thrives in Indonesia", *The Straits Times*, 12 Agustus 2004.

BAB II
MEMPERTANYAKAN HUKUMAN MATI

Pro dan kontra hukuman mati masih terus menjadi isu perdebatan yang tidak ada henti-hentinya. Baik gerakan utilitarian yang mendukung hukuman mati maupun abolisionis yang mendukung penghapusan hukuman mati mempunyai dasar justifikasi masing-masing. Sangat penting sekali untuk menelaah argument dari kedua belah pihak. Bagi gerakan utilitarian (pro) yang mendukung gagasan hukuman mati menegakan fondasi alasan justifikasi mereka seputar isue sebagai pemersatu komunitas (community bonding), prospek deterrence, untung rugi sampai pada isu keadilan. Hukuman mati disebut-sebut merupakan solusi atas tindakan kejahatan berat tapi kemudian malah membawa kekacauan (chaos), ancaman, maupun teror terhadap masyarakat. Ketika kenyataan kemudian memperlihatkan ketakutan publik terhadap "mitos" hukuman mati yang terlihat seolah-olah gagah dan benar. Mitos yang memperlihatkan bahwa dunia akan lebih teratur, lebih toleransi, bahkan lebih mengarah kapada keadilan sebagai dampak positif pemberlakuan hukuman mati.

Beberapa puluh tahun lalu hukuman mati dijadikan sebagai alat pemersatu komunitas dibawah satu kekuasaan. Lazim digunakan negara koloni ke negara jajahannya. Mereka menerapkan hukuman mati sebagai alat untuk menjaga otoritas dan hierarki antara negara koloni dengan negara jajahan. Argumen lain yang mendasari pemberlakuan hukuman mati adalah efek deterrence. Pelaksanaan hukuman mati dalam sistem peradilan pidana tidak mendukung terwujudnya efek deterrence. Terdapat kelemahan-kelemahan dalam pelaksanaan yang terbukti tidak menyumbang penurunan angka kejahatan.

Bila berbicarfa hukuman mati tidak dapat dipisahkan dari isu keadilan. Keadilan dilihat dengan setimpalnya kerugian dengan balasan yang dijatuhkan. Mitos hukuman mati memberikan keadilan dalam pelaksanaanya justru rentan dengan isu ketidakadilan seperti diskriminasi ras, warna kulit, ataupun status sosial dan ekonomi. Selain itu biaya atas pelaksanaan hukuman mati jauh lebih besar dibandingkan dengan biaya non hukuman mati.

Justifikasi pemberlakuan hukuman mati mengalami kelemahan-kelemahan bahkan tidak terbukti efektif untuk mencapai tujuan ideal dari pemberlakukan hukuman mati. Alasan-alasan yang mendasari argument pendukung (pro) hukuman mati, dan argument sanggahan yang dari kontra hukuman mati tersebut meliputi:

1. **Pemersatu Komunitas (Communal Bonding)**

Negara kolonial menerapkan hukuman mati untuk merefleksikan usaha bahwa eksekusi merupakan konsekuensi yang setimpal untuk dosa-dosa serius. Eksekusi biasanya dilakukan di balai kota, di jalan utama untuk memperlihatkan kepada rakyat jajahan konsekuensi yang didapat jika melanggar ketentuan. Eksekusi biasanya dilakukan beberapa hari setelah dinyatakan bersalah. Hal ini untuk mempersiapkan segala administrasinya seperti tempat gantungan untuk mengeksekusi, menyesuaikan jadwal orang-orang sekolah dan bekerja agar dapat berkumpul di lapangan untuk menyaksikan eksekusi. Tiang gantung sengaja di tempat yang strategis dengan alasan untuk dapat diperlihatkan jelas ke rakyat jajahan proses eksekusinya. Pada pertengahan abad 19 publik eksekusi dijadikan sebagai salah satu hiburan, diiklan kan dengan poster sebagai bentuk hiburan. (Annulla, 2002)

Hal ini tidak hanya dimaksudkan untuk menghalangi orang lain melakukan perbuatan yang sama tetapi juga untuk memperkuat otoritas pemerintahan dan untuk membentuk kesetiaan rakyat terhadap kolonial yang memperlihatkan kebencian terhadap perbuatan jahat. Dengan cara ini, diharapkan rakyat jajahan lebih patuh dan menghormati hukum. Semua upacara mulai dari dinyatakan bersalah, penjara sampai eksekusi yang dilakukan negara merupakan bentuk dari pembalasan dendam secara komunitas (community retribution). Keadaan dimana publik sebagai penonton eksekusi, ritual gallows (ritual tiang gantung), khotbah panjang sebelum eksekusi, ataupun pidato yang semuanya mengarahkan pada usaha untuk membentuk pikiran rakyat jajahan untuk menghormati otoritas kolonial. Publik eksekusi bertujuan untuk dapat mepersatukan negara-negara jajahan dengan satu kekuatan penuh dan besar, kekuatan yang berada diatas nyawa. (Annulla, 2002)

Baru sekitar 1830-1860 negara-negara bagian utara kemudian mentransisikan eksekusi publik ke eksekusi di belakang tembok, sedangkan negara-negara selatan baru akan menstransisikan publik eksekusi ke privat eksekusi pada awal abad ke 20 (Banner. 2003). Eksekusi tertutup itu pun menjadi kendala ketika pelaksanaan eksekusi tidak dapat dikontrol, karena dianggap tidak ada saksi mata. Pihak jurnalis pun menghendaki diberikan otoritas untuk dapat memberitakan jalannya eksekusi. Pemerintah Amerika kemudian memutuskan untuk mengganti kebijakannnya dari dari eksekusi yang tertutup ke eksekusi yang dapat di monitor oleh orang-orang tertentu. (Kudlac. 2007)

Enam negara bagian di Amerika yang pertama kali menghapus publik eksekusi tahun 1830 adalah negara-negara utara yaitu pulau Rhode, Pennsylvania, New Jersey, New York, Massacussets, dan New Hampshire. Mississippi dan Alabama adalah negara-negara selatan yang pertama kali menghapuskan eksekusi gantung depan publik ke belakang tembok (Kudlac. 2007). Di tahun 1860 *public hangging* secara resmi telah dihilangkan baik negara-negara utara maupun selatan dengan alasan pesan moral yang terdapat dalam publik eksekusi melemahkan moral masyarakat.

Para pendukung hukuman mati meragukan keefektifitasan transisi eksekusi publik ke eksekusi dibalik tembok atas efek deterrencennya. Mereka meragukan apakah pesan dari penjatuhan hukuman mati sampai kepublik agar tidak mengulangi perbuatan yang sama seperti yang diancam hukuman mati. Lebih lanjut, perkembangan memperlihatkan bahwa kemenangan perlahan yang didapat dari pihak yang kontra hukuman mati yaitu transisi eksekusi publik ke privat.

Kesalahan yang paling besar terhadap negara kolonial adalah penghianatan terhadap negara koloni. Kejahatan penghianatan ini dianggap adalah kejahatan yang paling merugikan negara koloni dan pantas untuk dihukum seberat-beratnya. Untuk menghalangi rakyat jajahan melakukan penghianatan terhadap negara koloninya, mereka harus diancam dengan menyebarkan teror memperlihatkan cara mati yang menggenaskan. Tujuan ini yang membawa negara koloni awalnya mempublikasikan eksekusi.

Publik eksekusi menemui kendala maupun dampak diluar dari tujuan awalnya. Ketika publik eksekusi dimaksudkan untuk "menjinakkan" rakyat jajahan tapi kemudian malah berbalik menyerang negara koloninya. Rakyat tidak lagi takut tapi jengah dengan tindakan semena-mena yang dilakukan oleh negara koloni. Rakyat jajahan jengah dengan pemandangan mengerikan yang harus mereka saksikan dilain pihak tidak mengangap bahwa perbuatan terhukum tersebut patut dibalas dengan kamatiannya. Eksekusi dilakukan didepan publik maka, penyiksaan dan kekerasan akan langsung teekspos dan tidak bisa ditutupi.

Upacara eksekusi tidak lagi menjadi drama pembunuhan yang menyatukan kebersamaan. Orang-orang bertindak berdasarkan keuntungan moral dari seluruh penonton. Pada abad 18 Ketika seharusnya upacara eksekusi merupakan kegiatan yang diam, hening, penuh duka, dan muram tapi dengan semakin bertambahnya eksekusi yang dilakukan, semakin berkurang rasa hormat dari upacara eksekusi tersebut yang mempengaruhi spritual dan nilai moral penonton.

Dan ketika pertengahan abad ke 19 perubahan sikap atau mood dari rakyat yang dari tenang, ramah, dan patuh mengarah kepada pemberontakan. Rakyat semakin tidak patuh, bahkan sering memperlihatkan simpati terhadap terhukum dan memperlihatkan permusuhan terhadap pemerintah. Rakyat tidak lagi inigin untuk merayakan upacara pembunuhan. Jadi anggapan yang menyatakan bahwa hukuman mati dapat mempersatukan komunitas tidak benar adanya, malah berbalik menyerang pemerintahan itu sendiri. (Gerber dan Johnson, 2007)

2. Kesalahan Manusia (Human Eror)

Kemungkinan salah tangkap bisa terjadi dalam penjatuhan hukuman mati. Salah tangkap dapat diartikan sebagai orang yang ditangkap padahal tidak melakukan kejahatan atau orang yang dipaksa untuk membuat pengakuan, atau bukti yang salah, atau testimoni palsu, bukti yang diperoleh dari pencarian ilegal, atau pun analisis-analisis yang salah. Kerap terjadi penjatuhan vonis hukuman mati, dilakukan kepada orang yang tidak bersalah.

Salah satu kasus yang diangkat dalam studi yang dilakukan Markus and Weissbrodt tahun 1990 tentang salah tangkap atas Dale Nolan Johnson, Ohio. Pencarian dilakukan oleh penegak hukum didasarkan prasangka, dan mengabaikan petunjuk bukti fisik lainnya. Polisi memaksa Johnson mengakui kesalahan yang tidak diperbuatnya. Johnson dinyatakan bersalah atas pembunuhan anak tiri dan pacar anaktirinya tahun 1883 dijatuhi hukuman mati dan menghabiskan waktunya di death row sampai tahun 1990. Kasus ini kembali disidang, hasil dari sidang tersebut terdapat kesalahan atas paksaan pengakuan yang dilakukan oleh polisi terhadap terhukum. Selanjutnya kasus ini dianalisis ulang oleh William Lofquist menyatakan bahwa Johnson tidak bersalah dan hanya korban dari kesalahan yang dibuat pihak kepolisian dan jaksa. Salah tangkap ini didukung oleh kebiasaan yang dilakukan oleh legal institusi disebut "winning at all cost (menang atas semua biaya)" (Lofquist, hal 174. 1996). Artinya institusi legal mempermudah jalan menuju keputusan dengan mempermudah proses peradilan pidana, untuk memperkecil pengeluaran.

Jaksa penuntut umum mendefinisikan diri sebagai *"tough on crime"* (tegas terhadap kejahatan), menghukum tegas siapa saja yang melakukan tindak kejahatan dengan menyatakan perang terhadap kejahatan. Sistem peradilan pidana secara eksplisist menyatakan perang dengan kejahatan, membalas kekerasan dengan kekerasan, hakim dapat menentukan apakah terpidana diperbolehkan hidup atau tidak.

Penelitian dilakukan oleh Hugo Bedau dan Michael L. Radelet tahun 1987, selama kurang lebih 25 tahun dengan 74 macam kasus termasuk didalamnya 81 kasus hukuman mati antara tahun 1883-1962. Dari 81 kasus sebanyak 15 orang diidentifikasi sebagai korban kegagalan tambahan atas hukuman mati. Penelitian ini berangkat dari mengumpulkan informasi New Yok Times Index setiap tahunnya sejak tahun 1900 (Bedau dan Redelet. 1987). Studi ini memperlihatkan korban dari sistem peradilan pidana yang dijatuhi hukuman mati terhadap kejahatan tak jelas atau bukan kategori tindak kejahatan yang diancam hukuman mati (erroneously). Hasil studi ini memperlihatkan sebagian terpida mati tidak sepantasnya dijatuhi hukuman mati, hukuman yang diberikan tidak sebanding dengan tindak kejahatan yang dilakukannya. Atas dasar itu study ini berbicara tentang *Miscarriage of justice* menjelaskan kegagalan atas rasa keadilan itu sendiri.

Proses Peradilan didasari presumption of innocence tidak berjalan sesuai dengan teori idealnya. Seseorang dapat dinyatakan bersalah jika didukung oleh bukti-bukti yang kuat. Berlawanan dengan ide tersebut, kecenderungan mengarah pada *presumption of guilty*, yaitu mencari bukti berdasarkan prasangka atau *follow evidence* (mengikuti bukti berdasarkan presumption of guilty). Oleh sebab itu, eror (kesalahan) sering sekali terjadi di sistem peradilan, dan kesalahan-kesalahan tersebut jarang sekali akan dibuka di publik. (Liebman, 2000)

Tahun 2006 showtime independent film mempublikasikan After Innocence yang disponsori The Innocence Project, membuktikan sekitar 150 orang tidak melakukan kejahatan yang dituduhkan kepada mereka. hasil investigasi diperkuat dengan tes DNA. Dari 150 orang terpidana yang dibuktikan tidak bersalah 14 orang diantaranya berada di death row. *"better to release 100 prisoners than to imprison an innocent man (lebih baik melepaskan 100 orang bersalah dibandingkan menghukum satu orang yang tidak bersalah)"* (Liebman, 2000).

Tidak hanya kesalahan pengambilan keputusan, tetapi juga diskriminasi didalam sistem peradilan pidana. Diskriminasi bukan menjadi kata baru dalam keadilan sosial dimasyarakat. Diskriminasi baik itu rasisme, sukuisme, agama, kelas, sampai pada status ekonomi seseorang menjadi sejarah dalam proses peradilan pidana. Diskriminasi membentuk prasangka sebelum ditemukan bukti-bukti yang mendukung. Begitu juga dengan pernyataan-pernyataan (testimoni) ketika berada di peradilan, baik itu sek, sosial ekonomi status mempengaruhi keputusan hakim.

Studi-studi tentang adanya diskriminasi berlatar belakang rasisme gencar-gencarnya dilakukan semenjak civil war sekitar pertengahan abad 20 (Gerber. 2002). William Bowers dalam studi yang mengobeservasi terpidana mati antara tahun 1930-1984 yang menyatakan bahwa lebih dari setengah terpidana mati adalah orang-orang berkulit hitam. Populasi orang kulit hitam 5 kali lebih tinggi dibandingkan yang lain. Walaupun begitu hal ini tidak merefleksikan bentuk diskriminasi, karna tingkat pembunuhan yang dilakukan oleh orang kulit hitam tak sebanding dengan pembunuhan yang dilakukan orang kulit putih.

Dalam studi empirik awal atas hukuman mati di North Carolina antara 1930-1940 menemukan ada hubungan antara ras dengan putusan pengadilan *"the race of the victim plays the most significant role in decisions about who will receive the death penalty"* (ras dari korban berpengaruh signigikan terhadap keputusan penjatuhan hukuman mati) (Gerber dan Johnson, hal 44. 2007). Pelaku kejahatan kulit hitam jika membunuh korban yang berkulit putih kemungkinan besar akan dijatuhi hukuman mati, sebaliknya pelaku kejahatan berkulit putih membunuh korban berkulit hitam tidak akan dijatuhi hukuman mati.

Dikutip dalam studi yang dilakukan Sverdlic tahun 1998 banyak studi yang mengobservasi pola disparitas rasial dalam penjatuhan hukuman mati, salah satunya yang dilakukan oleh Thorsten Sellin yang dipublikasikan tahun 1980. Hasil penelitiannya menyatakan di South Carolina dan Arkansas lebih banyak menjatuhkan hukuman mati terhadap orang-orang kulit hitam tanpa banding dibandingkan dengan orang kulit putih. Studi lain yang dilakukan oleh Radelet Pierce antara tahun 1876-1977 di Florida menyimpulkan bahwa kasus yang melibatkan korban pembunuhan berkulit putih, pelakunya berkulit hitam akan dibesar-besarkan. Polisi membuat laporan seakan-akan itu merupakan hal yang sangat keji. Kematian orang kulit putih ditangan ras bawah seperti kulit hitam merupakan dosa, begitu juga sebaliknya, pembunuhan terhadap orang-orang kulit hitam merupakan dosa ringan. Untuk mengevaluasi penjatuhan hukuman di beberapa bagian di negara Amerika, FBI Uniform Crime Reporting Section mengungkapkan bahwa di Georgia bila korban pembunuhan berkulit putih probabilitas pembunuhan untuk dijatuhi hukuman mati 10 kali lebih besar dibandingkan korban pembunuhan berkulit hitam. Sedangkan di Florida 8 kali lebih besar kemungkinan dan di Illinois 6 kali lebih besar kemungkinan untuk dijatuhi hukuman mati.

Tidak hanya diskriminasi dari sisi korban kejahatan. Beberapa studi mengungkapkan hubungan antara hakim dengan keputusan yang diambil. Studi yang dilakukan oleh The Capital

Jury Project menginterview sekitar 340 kasus di 14 negara di Amerika. Studi ini mendukung pernyataaan pengalaman hidup dan perspektif orang-orang kulit putih dan kulit hitam berpengaruh besar dalam tugas mereka menjadi juri. Korban pembunuhan yang berkullit putih akan dijatuhi hukuman 3 kali lebih besar apalagi yang melakukan pembunuhan tersebut adalah orang-orang berkulit hitam. Juri yang berkulit putih melihat pelaku kejahatan yang berkulit hitam adalah berbahaya untuk kedepannya. Sedangkan juri berkulit hitam menganggap pelaku kejahatan berkulit hitam berhak untuk mendapatkan pengampunan. Walau bagaimana pun dapat dilhat bahwa perbandingan juri berkulit hitam jauh lebih kecil dibandingkan hakim yang berkulit putih

Tahun 2000 pengadilan Colorado yang mengadili kasus Robert Halan seorang Afrika - Amerika dituduh atas kasus pemerkosaan dan pembunuhan. Hasil keputusan juri memperlihatkan opini "bias ras adalah faktor utama dalam penentuan seseorang dijatuhkan hukuman mati atau tidak". Dalam pengadilan Halan, tidak seorangpun juri yang mewakili kulit hitam, juri didominasi kulit putih.

Penelitian lebih lanjut yang dilakukan oleh Baldus dan Woodworth mengungkapkan hal yang sama dengan kemungkinan 3,9 kali lebih besar hukuman mati bagi pelaku kejahatan berkulit hitam dibandingkan dengan kulit putih. Selain itu penelitian ini juga menekankan menjadi berkulit hitam maka hal-hal seperti seperti penyiksaan dan kekerasan dapat diperbolehkan atau disahkan. (Liebman, 2000)

Senada dengan penelitian diatas studi komphensif diwilayah utara Carolina tahun 2001 menyimpulkan bahwa faktor rasial terutama ras korban secara statistik memainkan peran penting terhadap hukuman yang dijatuhkan kepada terhukum selama periode tahun 1993-1997. Hukuman mati dijatuhkan 3,5 kali lebih banyak terhadap pembunuhan dengan korban berkulit putih. Populasi keseluruhan utara Carolina sekitar 72% berkulit putih dan 21,5% berkulit hitam, tetapi penghuni sel death row menunjukan populasi terhukum berkulit hitam 40% dari total populasi (Liebman, 2000)

Diskriminasi sistemik rasial di dalam peradilan mempengaruhi keputusan hakim dan juri. Banyak kasus memperlihatkan kaum minoritas seperti kelas bawah, dan pelaku kejahatan non-white, negara menyediakan pengacara-pengacara yang kurang kompeten ketika banding hukuman mati sebanding dengan orang yang tidak mempunyai cukup ekonomi untuk mengusahakan saksi ahli dalam persidangan. Persamaan keadilan dalam hukuman mati merupakan mitos, karna dalam realitanya semua keputusan dalam proses peradilan dipengaruhi oleh ras, kelas, dan gender. Apa yang terjadi di beberapa negara diatas memperlihatkan disproporsi atas penjatuhan hukuman mati atas ras, etnik, kelas minoritas menjadi bagian kecil atas kebenaran yang besar.

3. Prospek Deterrence

Deterrence adalah alasan utama pemberlakukan hukuman mati oleh utilitarian. Khususnya bagi kasus-kasus pembunuhan, hukuman mati dianggap memberikan efek deterrence unik terhadap para pelaku potensial lainnya. para pendukung hukuman mati salah satunya adalah Professor Pojman mengklaim hukuman mati merupakan *ecomonic warning* dalam mengkalkulasikan pelaku kejahatan pembunuhan potensial lainnya (Gerber dan Johnson. 2007). Teori ini mengasumsikan pelaku pembunuhan akan mengkalkulasikan antara biaya dengan keuntungan dalam melakukan tindak kriminal. Jika biaya lebih besar, pelaku potensiala berpikir ulang melakukan kejahatannya.

Dalam terminologi ekonomi pro hukuman mati mendukung keefektifitasan hukuman mati dibandingkan penjara seumur hidup. Dimulai dari pernyataan Richard Posner dan Gary Becker sajana ekonomi dan hukum menyatakan bahwa setiap orang termasuk pembunuh sekali pun mempertimbangkan secara rasional antara keuntungan yang didapat dengan biaya yang dikeluarkan. (Gerber dan Johnson. 2007) Pelaku kejahatan mencari keuntungan dengan memaksimalkan keuntungan dan mengurangi biaya.

Banyaknya para pendukung hukuman mati yang menegaskan hukuman mati penting dalam efek deterrence dibantah oleh seorang professor hukum seorang konservatif bernama Ernest van den Haag yang menyatakan bahwa efek deterrence tidak tergantung pada perhitungan rasional seseorang, tetapi kemungkinan seseorang dalam merespon bahaya (Haag. 1990). Dia menggambarkan ketika pelaku kejahatan potensial menahan diri tidak melakukan kejahatan bukan karena hitungan rasional akan kemungkinan hukuman yang akan didapat, tetapi karena *preconscious fear* atas resiko yang menghubungkannya dengan tindakan kejahatan tersebut. Bentuk asumsi deterrence sama yaitu pelaku kejahatan potensial secara sadar memberikan penilaian dan pertimbangan secara detail ataupun secara impulsif atas kesempatan mereka mendapatkan keuntungan dari tindakan yang diambil.

Analisis untung dan rugi setiap tindakan seseorang bertentangan dengan pakar modern psikologi yaitu Freud, Jung, dan Skinner. Mereka menyatakan seseorang melakukan tindak kejahatan itu karena adanya dorongan jiwa untuk melakukan kejahatan. Oleh sebab itu, yang harus dilakukan adalah merehabilitasi prilakunya bukan me-mati-kan pelaku kejahatan.

Banyak kemudian penelitian tentang hubungan efek deterrence dengan hukuman mati. Salah satu yang dilakukan Robert Dann, menyimpulkan bahwa *"that the homicide rate after a publicized execution showed no decrease but, instead, actually slightly increased following executions."* *(angka kejahatan pembunuhan setelah dipublikasikannya eksekusi mati terhadap terpidana mati tidak menurun, tetapi sebaliknya mengalami sedikit peningkatan)* (Tyler dan Weber, 1982). Studi lainnya yang dilakukan setelah mengeksekusi Robert Harris tahun 1992 menunjukan bahwa lebih banyak peningkatan dibandingkan penurunan angka pembunuhan (Caminker dan Chemerinsky, 1992)

Beberapa peneltian bahkan menemukan kenyataan hukuman mati merupakan conterproduktif dari brutalisasi. Tingkat pembunuhan semakin tinggi setelah dipublikasikannya eksekusi oleh negara, karena orang-orang belajar untuk menyelesaikan segala sesuatu dengan kekerasan. Orang-orang menjadikan negara sebagai *roled model* ketika melakukan eksekusi terhadap pelaku kejahatan yang mengsugestikan bahwa membunuh adalah sesuatu yang dapat diterima untuk memperbaiki kesalahan. Beberapa penelitian menunjukan tingkat pembunuhan meningkat seiiring dengan meningkatnya publikasi eksekusi. Membuktikan hukuman mati tidak memberikan efek deterrence sebagai dasar dari utilitarian atas pembenaran hukuman mati.

Beberapa penelitian menyimpulkan hasil yang berkebalikan, hukuman mati memberikan efek deterence seperti peneltian yang dilakukan oleh Professor Naci Mocan universitas Colorado dalam jurnal hukum dan ekonomi yang di publishnya tahun 2003. Ia melihat ada hubungan yang signifikan antara eksekusi, grasi, tingkat pembunuhan. Sejalan dengan itu penelitian yang dilakukan oleh Sherpherd tahun 2004 menunjukan ada hubungan antara deterrence dengan percepatan eksekusi (Sherpherd, 2004)

Kriminolog mengadopsi pandangan Beccaria *dalam On Crime and Punishment* tahun 1764 atas 4 kriteria yang diperlukan untuk landasan prasyarat penghukuman dalam menghasilkan efek deterrence:

1. punishment must appear to a potential offender to follow upon the commission of crime *quickly* ("celerity"); (penghukuman harus ditunjukan dengan cepat kepada pelaku kejahatan potensial sebagai bentuk konnsekuensi atas suatu perbuatan)
2. punishment must be perceived as highly or absolutely *certain* to follow crime ("certainty"); (penghukuman harus absolut diterima seseorang jika melakukan tindak kejahatan
3. punishment must appear roughly *proportionate in severity* to the original crime, under a penal theory of "like deserves like"; and (penghukuman harus keras sebanding dengan kejahatan yang dilakukannya, dibawah teori pidana "mendapatkan apa yang sepantasnya didapatkan"
4. official punishment must occur in *public* via a graphic communication to a large population in order to disseminate these three prior messages as widely as possible (penghukuman harus dilakukan didepan publik dengan mengkomunikasikannya ke populasi yang lebih luas dengan alasan untuk menyebarkan pesan yang terkandung dalam penghukuman tersebut seluas mungkin)

Empat kriteria yang mendasari hukuman mati memberikan efek deterrece dijabarkan dijabarkan oleh Gerber dan Johnson dalam *The Top Ten Death Penalty Myths: The Politics of Crime Control* tahun 2007. Inti dari argumennya adalah untuk memperlihatkan kelemahan hukuman mati atas dasar deterrence.

a. *Celerity (kecepatan)*

Beccaria menjelaskan hubungan antara cepatnya waktu penjatuhan hukuman dengan efek deterrence. Hal ini ditujukan pada efek psikologis si pelanggar untuk mengantisipasi penghukuman yang didapat. Dengan menggunakan asumsi jika melakukan tindak pidana, maka dengan cepat akan menderita akibat penghukuman. Hal ini diperkuat oleh penelitian Joanna M Shepherd, memperlihatkan adanya hubungan antara pengaruh deterrence dengan lamanya penantian eksekusi (Shepherd, 2004). Semakin cepat waktu eksekusi, maka efek deterrence akan semakin berpengaruh. Dalam penelitian yang dilakukan oleh Shepherd dijelaskan bahwa penundaan eksekusi sama sekali tidak diperlukan bila ingin mendapatkan efek deterence yang lebih kuat. Dengan demikian pesan yang ada di hukuman mati tersebut tersampaikan. Hal ini tidak dapat diberlakukan di sistem penal dewasa ini karena bertambahnya peraturan yang bertujuan untuk melindungi hak-hak terpidana, termasuk didalamnya banding, peninjauan ulang, kasasi, maupun grasi sebagai bentuk upaya hukum yang dapat diusahakan terpidana.

Di masa kolonial eksekusi dilakukan dalam hitungan hari semenjak tindak kejahatan dilakukan. Waktu hanya dibutuhkan untuk mempersiapkan administrasi, peralatan seperti gallow (tempat penggantungan), dan menyesuaikan waktu yang tepat antara jadwal bekerja dan libur bagi sekolahan. Alasannya untuk dapat menonton proses eksekusi. Negara kolonial mengusahakan tidak menunda waktu eksekusi terlalu lama, rata-rata eksekusi terjadi dalam hitungan hari semenjak dinyatakan bersalah.

Sedangkan dewasa ini kecepatan waktu untuk pemberian sanksi semakin diperlambat, salah satunya karena adanya isue lynching (menghukum mati tanpa pemeriksaan pengadilan). Dengan mempercepat eksekusi, semakin memperbesar kemungkinan adanya kesalahan dalam pemeriksaan. Hal ini didukung oleh post revolusioner melihat pada kemungkinan kesalahan yang didapat dalam pemeriksaan yang dilakukan. Bukti-bukti dikumpulkan butuh waktu, sedangkan eksekusi harus dilakukan dengan cepat. Hal ini menjadi dilema bila eksekusi tidak dilakukan sesegera mungkin maka efek deterencenya akan berkurang, sebaliknya jika eksekusi dilakukan segera, akan rentan terhadap kesalahan pengambilan keputusan.

Dengan makin gencarnya perlindungan hak terpidana, waktu eksekusi mengalami penundaaan. Eksekusi tidak lagi dalam hitungan hari tetapi bulan dan dewasa ini sampai berpuluh-puluh tahun[10]. Tahun 1900 samapi 1960 rata-rata penundaan waktu eksekusi adalah sekitar 8 bulan. Pada tahun 1970 pengumpulan bukti, penjatuhan putusan, sampai eksekusi memakan waktu rata-rata 6 tahun. Pada tahun 2001, terpidana mati menghabiskan waktu rata-rata 11 tahun di dalam penjara dan 5 bulan di death row sebelum dilakukannya eksekusi. Bahkan di Arizona harus menunggu selama 19 tahun untuk dieksekusi. Sedangkan untuk California dan Pennsylvania harus menunggu waktu eksekusi lebih lama lagi. Hal ini membuktikan pelaksanaan hukuman mati tidak menghasilakn efek deterrence karna waktu penjatuhan hukuman ditunda.

b. *Kepastian (Certainly)*

---

[10] Death Penalty Information Center, www.deathpenaltyinfo.org

Berdasarkan pernyataan kedua Beccaria, hukuman harus secara pasti dijatuhkan langsung terhadap seseorang yang melakukan kejahatan untuk memberikan pengaruh kuat deterrence. Berdasarkan teori ekonomi dalam perhitungan rasional, penghukuman mendasari pemikiran atas rasional seseorang. Tindak kejahatan yang dilakukan oleh pelaku kejahatan melalui proses pemikiran rasional atas untung dan rugi dari tindakan yang mereka ambil. Beccaria setuju dengan pandangan yang menyatakan hukuman harus dijatuhkan pasti untuk menguatkan pesan yang disampaikan dalam penghukuman tersebut.

Kepastian mendapatkan hukuman di banyak negara sering kali terabaikan. Salah satu penyebabnya adalah kejahatan yang dianggap tidak serius tidak mendapatkan perhatian publik dan cenderung hilang tiba-tiba atau dimaafkan. Pengampunan terhadap tindak kejahatan justru mengurangi atau menyangsikan kepastian penghukuman.

Pertengahan abad 18 gerakan abolisionist menentang metode eksekusi barbar atas penghinaan nilai moral manusia. Gerakan ini mengusahakan kesempatan bagi pelaku kejahatan untuk mendapatkan klemensi (pengampunan). Hal ini menyangsikan pesan penghukuman atas kejahatan itu sendiri. Pertengahan abad ke 19 peningkatan terus menerus terhadap diskresi penghukuman, pengampunan, dan juga grasi, sebagai usaha yang dilakukan untuk mengurangi hukuman. Ketidakpastian penghukuman ini pertama kali dilakukan Pennsylvania diikuti olehnegara-negara lain setelahnya. Kasus pembunuhan berencana dengan pembunuhan karena pembelaan diri tidak diberikan sanksi yang berbeda. Ketidakpastian penghukuman justru memperlihatkan adanya wrongfull killing atas terhukum. Penelitian yang dilakukan Redelet dan Bedau menyimpulkan bahwa 350 orang yang dinyatakan bersalah diabad 20, sekitar 23 orang yag tidak bersalah telah dieksekusi.

Studi yang dilakukan James Liebman tentang proses banding bagi terpidana mati menunjukan bahwa lebih dari setengah kasus yang dijatuhi hukuman mati mengajukan banding. Di Arizona lebih dari 68% kasus hukuman mati yang berada dalam proses banding, 71% kasus pidana mati yang mengajukan banding di Tucson, dan Phoenix sekitar 84% kasus pidana mati berada dalam proses banding. Sekitar 10 dari 7 terpidana mati mengajukan pengadilan ulang. Sejak tahun 1973, 52 orang terpidana mati mengajukan banding merima hukuman penjara seumur hidup, 12 tahun menjalani penambahan hukuman penjara "bertahun-tahun", dan yang mengejutkan 7 orang dinyatakan tidak bersalah. Total dari 82% terpidana mati di Arizona yang mengajukan banding, mendapat pengurangan hukuman lebih ringan dibandingkan dengan hukuman mati. Hal ini kemudian menyebabkan timbulnya pertanyaan tentang bagaimana bisa pengulangan peradilan (banding) dengan bukti yang sama dapat menghasilkan keputusan yang berbeda. Di Arizona 1 dari 8 kasus hukuman mati yang akhirnya benar-benar dieksekusi. Hal ini tidak sebanding dengan investasi besar yang diberikan meliputi waktu, biaya dan retorika. Penghukuman yang hanya berupa wacana tanpa ada kemampuan untuk penjatuhan sanksi yang pasti terhadap pelanggarnya akan melemahka kekuatan dari penghukuman tersebut hingga dibawah 1 persen.

Perpanjangan proses peradilan atau banding memperbesar kemungkinan menyatakan seseorang untuk tidak bersalah. Sementara itu bagi pendukung hukuman mati dan teori ekonomi melihat proses banding merupakan masalah utama dalam kepastian (centainly) eksekusi. Kemungkinan keliru dalam putusan atas hukuman mati berkontribusi atas ketidakpastian eksekusi.

c. Kekejaman yang Seimbang (Proportional Severity)

Beccaria menyatakan bahwa hukuman harus cukup keras untuk dapat memberikan perhitungan rasional terhadap terpidana mati. Seperti yang diekspektasikan oleh Professor Pojman, bahwa pelaku kejahatan harus dibuat berpikir dua kali untuk melakukan kejahatan, salah satunya memberikan derita lebih besar dari keuntungan yang didapatnya dalam melakukan kejahatan. Jeremy Bentham dan JohnStuart Mill, sebagai pendiri gerakan utilitarian modern menganjurkan legislator untuk meningkatkan penambahan derita terhadap pelaku kejahatan untuk menyaingi "pleasure" atas tindakan kejahatan yang diperbuat oleh pelakunya. Kesimpulan yang didapat adalah semakin besar atau kejam penghukuman yang diberikan maka efek deterrence dari hukuman juga semakin besar.

Sejarah memperlihatkan bahwa penjatuhan hukuman berat (mati) dapat memecahkan masalah tindak kejahatan berat. Pemikiran terdahulu condong untuk mengarahkan hukuman ke arah yang benar-benar dalam usaha untuk memperlihatkan sanksi yang harus ditanggung jika melanggar. Semakin kejam hukumannya, diekspektasikan dapat menyampaikan pesan deterrence yang terkandung didalamnya. Eksekusi yang diikuti dengan kekerasan dan kekejaman lazim diberlakukan pemerintahan monarki dan juga negara kolonial terhadap negara jajahannya. Hal yang paling kejam dan mengerikan atas kematian tersebut adalah ketakutan atas kematian itu sendiri.

Banyak metode eksekusi yang, merendahkan martabat manusia dan tidak bermoral, antara di bakar hidup-hidup dan diceplungkan ke minyak yang mendidih, dirajam, maupun dipotong bagian badannya perlahan-lahan dan hidup-hidup. Lebih dari satu abad metode gantung bertahan sebagai metode eksekusi di beberapa negara di timur tengah. Di abad 21 metode eksekusi dengan cara digantung telah digantikan dengan kursi listrik, gas beracun, atau suktik mati dengan alasan untuk lebih manusiawi. Memasuki abad 21 negara yang masih memberlakukan hukuman mati mengganti metode eksekusi dari kursi listrik menjadi suktik mati. Sebaliknya tidak ada yang mengganti metode eksekusi dari suktik mati kembali ke listrik. Alasannya adalah pemerintah memilih metode eksekusi yang sebisa mungkin memberikan sedikit rasa sakit, dengan biasa murah.

Berbeda dengan sebelum abad 20, hukuman berat, kejam, lalim, dan mengerikan sengaja dijatuhkan dan diperlihatkan di muka publik untuk menyampaikan pesan yang terkandung didalamnnya, tapi berkebalikan dengan dewasa ini orang-orang mulai mengembangkan metode eksekusi yang megusahakan semakin kecil "rasa sakit" yang diderita terpidana.

Dengan semakin populernya suntik mati sebagai metode eksekusi sekaligus memperlihatkan mati tanpa rasa sakit, evolusi medis. Pencapaian evolusi rasa sakit ditandai (disebut) dengan semakin memanusiawinya kematian. Okhlahoma menjadi negara pertama yang memasukan metode eksekusi yang "manusiawi" dalam yuridiksi (UU). Dimulai dari ini kemudian semakin digaungkan metode eksekusi dengan menghindari jenis hukuman yang dianggap "cruelty and inhuman (kejam dan merendahkan martabat manusia)". Hal ini lah yang kemudian menjadi syarat metode eksekusi yang diberlakukan negara-negara yang masih membolehkan hukuman mati

Jadi peradilan pidana dewasa ini menunjukan ada perkembangan dari metode eksekusi brutal dan bar-bar ke yang sedapat mungkin memberikan sedikit rasa sakit. Transisi metode eksekusi kearah yang lebih manusiawi merupakan tahap perkembangan evolusi metode eksekusi. Setelah evolusi berjalan, wacan Beccaria ataupun pendukung teori ekonomi (untung vs rugi) tidak mendukung efek jera. Sistem peradilan pidana memperlihatkan bahwa seseorang yang membunuh atau melakukan perbuatan yang dianggap diancam hukuman mati juga akan "dibunuh", tapi disatu lain pihak, komponen yang menjadikan eksekusi menghasilan efek deterrencenya semakin berkurang dengan samakin halusnya metode eksekusi. Sekejam apapun pelaku kejahatan tetapi eksekusi yang dilakukan tetap saja dengan memberikan rasa sakit seringan-ringannya. Hal ini berlawan atau bertentangan dengan kontent penghukuman yang menegaskan untuk memberikan hukuman yang setimpal dengan perbuatan.

d. Publisitas (Publicity)

Mempertahankan proses eksekusi ke khalayak ramai salah satu cara untuk mendapatkan tujuan dari efek deterrence dan juga teori ekonomi. 3 komponen lain seperti kepastian, kecepatan, rasa sakit yang seimbang akan jauh lebih efektif jika dapat mempublikasikannya ke publik untuk menyentuh pelaku kejahatan potensial. Baik di pemerintahan monarki maupun yang dilakukan oleh negara-negara kolonial eksekusi dilakukan di tempat-tempat strategis, dekat dengan jalan-jalan utama. Alasannya untuk memastikan bahwa proses eksekusi ditonton oleh khalayak ramai. Tidak hanya tempat, tetapi tanggal eksekusi dibuat pas ketika libur kerja maupun sekolah untuk membentuk crowd, dengan begini maka diharapkan penonton dapat melihat sendiri konsekuensi yang didapat jika melanggar hukum. Publisitas tidak hanya digunakan untuk menebarkan teror untuk menghasilkan efek deterrence tetapi lama kelamaan dianggap sebagai hiburan. Poster, spanduk, iklan maupun buletin yang memberitakan eksekusi mati seolah-olah memperlihatkan eksekusi adalah hiburan.

Eksekusi publik dilakukan atas dasar 3 tujuan yaitu, pertama, menggambarkan kepada khalayak pesan atas konsekuensi yang harus ditanggung oleh pelaku kejahatan. Kedua, ritual eksekusi dimaksudkan untuk "mendidik" publik menghormati hukum. Ketiga, upacara ritual mulai dari pengurangan di penjara sampai eksekusi dimaksudkan untuk memberikan pesan moral kepada publik.

Kebangkitan gerakan abolisionis pertengahan abad ke-19 yang mengubah sensitivitas publik. Publik eksekusi tidak membuat penonton takut, jera atau patuh terhadap hukum, tetapi malah memberikan rasa simpati terhadap terhukum dan mendorong massa untuk memberontak. Publik eksekusi berobah dari ritual seremonial publik ke eksekusi dibalik dinding penjara. Eksekusi privat hanya dihadiri beberapa kerabat dan jurnalis. Jurnalis melaporkan tahap eksekusi, jalannya proses, mendeskripsikan dari menit-menit bagaimana kegagalan pemerintah yang memperlama derita dari kematian tersebut. dalam hal ini mereka menempatkan diri menjadi musuh dibandingkan element yang menyebarkan tujuan dari efek deterrence kepada publik.

Pada tahun 1845 negara-negara new England dan negera-negara disekitar pesisir Atlantik telah menghilangkan publik eksekusi secara total. Eksekusi dipindahkan ke balik penjara, tempat dimana orang lain tidak dapat melihat proses eksekusi dengan mengurangi akses publik terhadap pengalaman kematian. Biasanya eksekusi di balik penjara ii dilakukan di basement penjara. Secara gographical juga berubah dikarenakan metode eksekusi berubah menjadi eksekusi listrik, gas, dan lethal injection yang secara teknis harus dilakukan di dalam ruangan. Sejak tahun 1930, eksekusi dilakukan dengan benar-benar secara privasi tidak hnya untuk menghindari journlis, para abolisionis, termasuk juga mencegah rakya untuk dapat menonton eksekusi tersebut.

Dewasa ini eksekusi yang dilakukan dengan cara lethal injection dilakukan dangan tata cara privasi, dilakukan larut malam, dilakukan diruang khusus, hanya mengundang beberapa orang seperti keluarga terhukum, tidak ada seseorang pun yang membutuhkan "deterrence" ataupun yang dapat menyampaikan esensi pesan "deterrence" ke publik. Transisi dari publik ke privat eksekusi berlawanan dengan teori ekonomi untung-rugi untuk efek deterrence. Disamping itu, transisi eksekusi publik ke privat merupakan mata rantai lainnya yang hilang dalam tujuan esensi deterrence.

Evolusi dari pelaksanaan hukuman mati harus memenuhi 4 syarat yang diajukan oleh Beccaria agar pelaku kejahatan potensial lainnya dapat menggunakan pikiran rasional mereka atas untung dan rugi dari perbuatan yang mereka perbuat. Dewasa ini hukuman mati tidak lagi dilaksanakan dengan cepat karena proses peradilan yang harus dilalui sebelum benar-benar akan dijatuhkannya eksekusi. Kepastian akan pemberlakukan hukuman mati juga tidak jelasn, hanya 1% dari kasus pembunuhan yang menerima hukuman mati. Dapat dianalogikan bahwa 1 dari delapan terpidana mati yang benar-benar akan dieksekusi. Begitu juga dengan penjatuhan derita terhadap terpidana semakin berkurang dikarenakan metode yang dipakai semakin manusiawi. Terakhir dari element yang terkandung di dalam penghukuman untuk menghasilkan efek deterence adalah publisitas dari eksekusi publik ke eksekusi dilakukan dengan privat. Dari ke empat pendekatan diatas, jelaslah semua element pendukung teori perhitungan rasional atas untung dan rugi tidak tercapai untuk mendapatkan efek deterrence. Efek deterence hanya mitos dalam justifikasi diberlakukannya hukuman mati. Dalam praktek hukuman mati efektifitas dari efek deterrencenya sangat lemah.

4. Metode Eksekusi yang Manusiawi

Cara eksekusi mati pada abad beberapa abad yang lalu ditandai dengan eksekusi yang kejam, berdarah-darah, dan dilakukan dimuka publik. Salah satunya eksekusi yang digambarkan oleh Michel Foucault didalam bukunya *Disipline and Punishment*. Dia menggambarkan salah satu eksekusi mati Damiens yang dituduh melakukan usaha pembunuhan terhadap King louis XV (Foucault, 1979).

Tidak hanya menggambarkan proses eksekusi Foucault juga memaparkan transisi dari dari eksekusi yang dilakukan di depan publik kebalik dinding penjara. Rakyat tidak lagi menjadi bagian dari eksekusi, prosedur eksekusi dilakukan dengan lebih tertutup, rahasia, dan dikontrol oleh dan terspesialisasi. Publik dijauhkan dari "pengalaman kematian", mereka tidak lagi melihat, maupun merasakan eksekusi tersebut, hanya orang-orang tertentu yang punya spesialisasi dapat kemudian bisa hadir dalam proses eksekusi. Hal ini dimaksudkan untuk menjauhkan rakyat secara psikologis dari tindakan pembunuhan.

Selanjutnya eksekusi private dilakukan didalam ruangan, hanya dihadiri oleh saksi mata termasuk didalamnya perwakilan pemerintah, perwakilan media, teman&keluarga terhukum, para rohaniawan, penasehat hukum, dan eksekutor. Dimulai sejak tahun 1991 keluarga dapi pihak bahkan juga dapat melobi jumlah saksi untuk dikurang atau ditambah. (Banner, 2003)

Metode eksekusi yang kejam

Sebelum masa modern, eksekusi dilakukan dengan cara yang brutal, tanpa standarisasi. Metode eksekusi dilakukan dengan cara memutilasi bagian tubuh terhukum sedikit-demi sedikit, membakar hidup-hidup, pemenggalan kepala atau jenis eksekusi bar-bar lainnya. Pada tahun 1794 Doktor Guillotin di Prancis menemukan metode eksekusi dengan cara guillotin, dia menyatakan bahwa guillotin adalah metode yang paling cepat untuk mati, dan lebih manusiawi (Banner, 2003). Ketika itu metode guillotin dianggap sebagai reformasi methode eksekusi yang dianggap lebih efektif yang diasumsikan dapat membunuh terpidana mati dengan cepat tanpa merasakan sakit yang lama.

Kemudian abad 20 perkembangan teknologi merubah metode eksekusi dari eksekusi listrik (kursi), gas beracun, sampai *lethal injection* (suktik mati). Hal ini dikarenakan metode yang dilakukan semakin manusiawi. Baru-baru ini hanya 5 macam metode eksekusi yang diperbolehkan yaitu kursi listrik, gas beracun, hukuman tembak, lethal injection (suntik mati), hukuman gantung. Pelaksanaan metode tersebut belakangan ini juga menimbukan beberapa kendala dalam praktek pelaksanaanya. (Trombley, 1992)

Salah dua eksekusi listrik di Florida menyebabkan rambut terpidana mati malah terbakar, yang menyebabkan penundaan eksekusi dilakukan sampai ditemukan kendalanya. Hukuman tembak juga salah target yang tidak langsung menghentikan jantung terpidana berhenti berdetak, mereka mengisi ulang kembali peluru dan menembakan lagi terpidana. Sedangkan eksekusi menggunakan gas beracun tergantung pada campuran gas racun yang tepat. Eksekusi yang dilakukan di Arizona[11] April, 1992 yang mengeksekusi Donald Eugene Harding memakan waktu 11 menit untuk membungkam terhukum. Sedangkan hukuman gantung mempunyai masalah yang berbeda setiap kali eksekusi dilakukan, tergantung pada bentuk ikatan, atau pun panjang talinya. Contoh kasus eksekusi yang dilakukan di Washington, dimana tali gantung terlalu panjang mengakibatkan leher terhukum terpisah dari badannya atau malah akan memperlama proses kematiaannya.

Methode *Lethal injection* pertama kali ditemukan tahun 1888, New York sudah mempertimbangkan cara tersebut menjadi metode eksekusi tapi belum mengadopsi cara tersebut. pertama kali *lethal injection* dilakukan di Oklahoma, ketika menteri kesehatan John Chapman menyatakan bahwa metode *lethal injection* membunuh terpidana tanpa rasa sakit. Sejak itu 37 dari 38 negara di Amerika menulis ulang kembali peraturan yang memberlakukan hukuman mati dengan lethal injection sebagai metode eksekusi[12].

Sifat dasar dari lethal injuction

Lethal injection digembor-gomborkan sebagai cara mati tanpa rasa sakit, ibarat mati rasa. Lethal injection mengandung 3 racun utama[13] yaitu *sodium thiopental, pancuronium bromide,*

---

[11] http: atau atau www.azcentral.com atau travel atau articles atau 2010 atau 10 atau 28 atau 20101028arizona-executions-hanging-gas-lethal-injection.html

[12] http: atau atau bjs.ojp.usdoj.gov atau index.cfm?ty=tp&tid=3

[13] The Arizona lethal injection protocol is available at the State of Arizona

dan potassium chloride, kandungan racun ini diinjuksikan kedalam pembuluh darah dengan menggunakan *intravenous (IV)*. *Sodium thiopental* digunakan untuk membuat tubuh mati rasa, atau tidak sadar. *Pancuronium bromide* berfungsi melumpuhkan organ dalam tubuh dan membuat terpidana berhenti bernafas. Dan *porassium chloride* untuk memberhentikan kerja jantung untuk berdetak. Intravenous bisa melalui tangan, kaki, lengan atau "memotong" memasukannya kesalah satu pembuluh darah yang paling dalam di paha, dada, atau leher.

Sodium thiopental merupakan obat bius keras tapi cuma bisa membius terpidana dalam waktu singkat, didistribusikan dalam bentuk bubuk, dan harus dicampurkan dengan dosis yang tepat 24 jam sebelum dilakukannya eksekusi. Dalam standart praktek medis, *sodium thiopental* digunakan oleh ahli medis untuk membius pasien ketika memasang selang (intube) kedalam trakea. Dosisnya harus pas, kalau tidak terhukum dapat saja sadar (dapat merasakan kembali) ketika langkah selanjutnnya dilakukan.

Lethal injection adalah metode eksekusi yang dilakukan dengan kemungkinan kesalahan (eror) yang besar. Dosis dari 3 obat diatas adalah bagian terpenting. Jika ketiga dosis ini tidak pas dapat memacu infiltrasi, pecah pembuluh darah, mencegah thiopental mengalir dalam pembuluh darah. Eksekusi yang dilakukan sejak 1977 sampai 2007 di Amerika sebanyak 1.050 terpidana sekitar 76% diantaranya dieksekusi dengan metode *lethal injection*.

Eksekusi dengan menggunakan lethal injection tidak sepenuhnya mulus, halus, dan tanpa masalah. Eksekusi atas Loyd LaFever pada 3 Januari 2001 tersendat karena campuran obat tidak ditakar dengan benar. Jika hal itu terjadi, kematian tanpa rasa sakit justru berbalik menyiksa. Banyak contoh kasus yang menunjukan bahwa lethal injection bukan cara kematian yang *painless* dalam pelaksanaannya. Salah satu contohnya adalah eksekusi LeFever terpidana mati disalah satu penjara di Texas. Dia harus disuntik berkali-kali dan juga membutuhkan waktu lama sebelum benar-benar mati[14].

Hukuman yang bersifat "cruel and unusual" melarang eksekusi memberikan rasa sakit yang tidak diperlukan dalam proses eksekusi. Hukuman mati dikategorikan cruel dan unusual jika pelaksanaanya terdapat penjatuhan derita tak terduga. Standar proses "kematian yang baik" adalah kematian dalam waktu 3 menit sedangkan "proses kematian yang buruk" menghabiskan

---

Department of Corrections Web site: www.azcorrections.gov atau prisons atau Florence

[14] Kutipan dari Dr. Mark J. S. Heath and Lisa S. McCalmont, "Medical Background: How Lethal Injection is Performed

waktu lebih dari 3 menit. Proses baik atau buruknya kematian hanya dapat dilihat dari lamanya waktu kematian, tidak ada ukuran yang dapat mengukur tingkat rasa sakit seseorang ketika menuju kematian. (Schabas, 2002)

Di Florida, waktu yang dibutuhkan untuk mengeksekusi Angel Diaz memakan waktu 34 menit sebelum benar-benar dinyatakan tidak bernyawa lagi, itu pun karna pipa *intravenous (IV)* dipaksa masuk kejaringan lunaknya. Salah satu kasus eksekusi di Ohio, seorang terhukum mengangkat kepalanya dan menginformasikan kepada eksekusioner bahwa racunnya tidak bekerja (Heath dan McCalmont, nd). Begitu juga lebih dari 37 negara yang menggunakan lethal injection menghadapi masalah dan kendala yang sama.

Isu yang menyatakan bahwa revolusi metode eksekusi menempatkan hukuman mati kearah yang lebih manusiawi tidak terbukti kebenarannya. Lethal injection sebagai solusi masalah kematian yang manusiawi rentan memberikan rasa sakit tambahan, bila takaran obat tidak pas. Keberadaanya dibesar-besarkan sebagai suatu evolusi penghukuman menuju arah "mati layaknya ditidurkan". Metode lethal injection tersebut terlihat sangat modern, klinis, dan tidak menghadirkan tontonan yang berdarah-darah tapi dalam pelaksanaanya tidak seindah wacananya. Lethal injection hanya menyamarkan tanda-tanda rasa sakit atas kematian. Proses pembunuhan menggunakan lethal injection adakalanya justru memakan waktu lebih lama dibandingkan metode eksekusi lainnya. jadi, dapat disimpulkan metode eksekusi yang terlihat lebih manusiawi pun hanya berupa mitose belaka

Saksi dalam eksekusi: merefleksikan tanggung jawab kita sebagai warganegara.

Banyak dari negara-negara di dunia yang membutuhkan warganegaranya untuk menjadi saksi dalam eksekusi, tapi banyak juga aturan negara yang masih bersifat ambigu atas tujuan dari dibutuhkannya saksi dalam proses eksekusi. Hukum di Arkansas menjelaskan tujuan dari di hadirkannya 6-12 saksi dari pihak warganegara untuk memverifikasi pelaksanaan eksekusi sudah sesuai dengan ketentuan hukum atau tidak. Sedangkan untuk saksi dari pihak official dimaksudkan untuk mengaudit atau melihat kesalahan dalam prosedur. Keluarga terhukum datang untuk alasan yang beragam seperti mendukung terpidana mati untuk terakhir kalinya, atau melihat orang yang dicintainya untuk terkahir kalinya. Sedangkan dari pihak keluarga korban adalah untuk memastikan "keadilan telah terlaksana" atas kejahatan yang dilakukan terhadap orang yang dicintainya (Johnson. 1998)

Craig Haney dalam bukunya Death by Design tahun 2005 menyatakan bahwa ketoleransi-an negara terhadap hukuman mati tergantung pada luasnya ketidakacuhan realitas yang tersembunyi dalam ide hukuman mati. Rasa tanggungjawab dirasakan oleh orang yang bekerja dalam proses eksekusi maupun saksi yang secara langsung mengikuti proses eksekusi. Haney menggambarkan bahwa saksi dan juga petugas yang bekerja dalam proses eksekusi merasa ikut terlibat atas pembunuhan seseorang. Ketika proses eksekusi didepan mata, yang tergambarkan bukan lagi keinginan untuk membalas dendam tetapi rasa kemanusiaan sesama manusia. termasuk didalamnya algojo eksekusi yang sejatinya telah menjalankan perannya sebagai eksekutor tak lepas dari rasa keterlibatan atas pembunuhan seseorang. Selain itu tidak ada yang bertanggung jawab atas pembunuhan terhadap terpidana mati, termasuk negara. Setiap orang akan memaafkan diri sendiri karena pembunuhan tersebut bukan dilakukan secara personal, tapi dianggap merupakan persetujuan bersama.

Penolakan atau usaha untuk menjauhkan tanggungjawab tersebut mengurangi rasa bersalah seseorang tapi mengabaikan rasa tanggungjawab *communal* (umum) atas tindakan negara. Pemisahan ini tidak memberikan penjelasan siapa yang patut dipersalahkan kecuali terpidana mati itu. Pada akhirnya eksekusi adalah pembunuhan tanpa ada yang mau bertanggung jawab. Hal ini membawa kita ke paradok yang lebih dalam bahwa mereka sendiri (terpidana mati) secara pasti bertanggung jawab atas perbuatan yang mereka lakukan, sebaliknya tidak ada seorang pun yang bertanggung jawab atas pembunuhan terhadap mereka (terpidana mati)

5. Kefektifitasan dalam Mengontrol Kejahatan

Biaya pelaksanaan hukuman mati sangat mahal. Beberapa studi tentang biaya yang harus dikeluarkan untuk pelaksanaan hukuman mati sejak tahun 1976 menemukan hasil yang mengejutkan yaitu *"putting an individual to death costs more than keeping that individual in prison at the highest level of security for forty years* (menjatuhkan hukuman mati terhadap seseorang mengeluarkan biaya sama lebih mahal dibandingkan memenjarakan seseorang di penjara dengan pengamanan level atas selama 40 tahun)" (Zhu, 1998). Studi yang lain yang dikutip dalam sumber yang sama menemukan hasil yang bervariasi yaitu biaya yang dikeluarkan oleh negara lebih besar untuk pra-peradilan kasus hukuman mati (peninjauan kembali, grasi, banding) dibandingkan dengan fase *post-conviction* (penangkapan, pemeriksaan, penjatuhan status bersalah). Jadi, biaya dapat ditekan jika mempercepat proses penjatuhan hukuman mati.

Banyak dari para politisi maupun yang mendukung hukuman mati tidak jujur mengenai biaya yang akan dikeluarkan. Mereka menggunakan bahasa moral halus untuk menutupi kenyataanya: biaya yang dikeluarkan hanya simbolisasi bila dibandingkan dengan keefektifitasan kebijkan mengontrol tindak kejahatan untuk memperkecil resiko seseorang menjadi korban kejahatan. dari issue hukuman mati yang dialihkan dengan isue dapat ke-ektifitasan kebijakan mengontrol tingkat kejahatan yang dapat memperkecil resiko sesoerang menjadi korban kejahatan. Bagi para politisi hukuman mati hanya merupakan simbol dan retorika. Seperti di Amerika, baik republikan maupun domokrat menyatakan dukungan terhadap hukuman mati dalam kampanye pemilihan, tapi dalam kenyataanya untuk menjalankan eksekusi mati memakan biaya besar, yang menjadi masalah fiskal (keuangan) (Banner, 2003). Berarti hukuman mati hanya merupakan simbol dan retorika semata. Dalam dunia perpolitikan hukuman mati dihadirkan sebagai alat untuk menaikan simpati maupun mencari dukungan rakyat. Sementara manipulasi simbolik dalam hukuman mati dilakukan dengan membatasi perdebatan tentang alternatif penjatuhan hukuman mati

Studi tetang biaya, baik yang akan dikeluarkan maupun biaya yang akan datang masih relatif sedikit. Gambaran biaya yang akan dikeluarkan keseluruhan sistem yang berkaitan dengan hukuman mati dalam suatu negara masih tidak dapat diperkirakan. Walaupun begitu studi yang dilakukan oleh organisasi pemerintah, media, maupun penelitian independent mendapatkan kesimpulan dan karakteristik yang umum. Hampir semua dari studi major melaporkan bahwa biaya hukuman mati lebih besar dibandingkan biaya hukuman penjara seumur hidup.

Tulisan Gerber dan Johnson tahun 2007 menyinggung tentang biaya yang dikeluarkan atas penjatuhan hukuman mati contohnya di Utara Carolina yang dipublikasikan Terry Stanford Institution of Public Policy di Universitas Duke. Mereka membandingkan kasus hukuman mati dengan non hukuman mati. Hasil dari studi menunjukan bahwa eksekusi membutuhkan biaya lebih sebanyak $163.000 dibandingkan dengan kasus dengan hukuman penjara seumur hidup. bagaimanapun tidak hanya proses peradilan hukuman mati (PK, grasi, banding) yang membutuhkan biaya besar tapi ditambah dengan biaya eksekusi yang ekstra besar. Rata-rata biaya ekstra yang dikeluarkan untuk per eksekusi adalah $2.16 juta. Jika memang biaya sebesar itu yang dikeluarkan dilevel nasional, berarti biaya ekstra yang harus dikeluarkan sejak tahun 1976 (hukuman mati kembali diberlakukan) mencapai angka $ 1 milliar.

Penelitian sebelumnya yang disponsori oleh pemerintah Arkansas atas biaya yang dikeluarkan dalam proses hukuman mati menyimpulkan kesipulan yang sama. Walaupun Arkansas hanya memberlakukan hukuman mati dari tahun 1976-2004, dan dalam prakteknya sedikit terpidana mati yang benar-benar dieksekusi tapi tetap saja hukuman mati lebih memakan biaya yang besar dibandingkan hukuman penjara seumur hidup. Rata-rata hukuman mati dalam prakteknya 70% lebih mahal dibandingkan kasus non pidana mati. Rata-rata biaya untuk kasus yang dijatuhi hukuman mati adalah $1.26 juta dibandingkan dengan hukuman penjara seumur hidup yang memakan biaya $740.000. Biaya untuk maju ke peradilan untuk kasus pidana mati rata-rata $ 508.000 dibandingkan untuk kasus biasa $32.000 setara equivalen dengan 16 kali lebih mahal.

Peningkatan tingginya biaya yang harus dikeluarkan untuk melaksanakan hukuman mati memperlihatkan bahwa kebijakan pemberlakuan hukuman mati tidak efesient. Biaya yang dipakai untuk satu terpidana mati mulai dari penjatuhan vonis sampai setelah dilakukan eksekusi jauh lebih mahal dibandingkan dengan hukuman seumur hidup. Dilain pihak belum dapat dipastikan pengaruh pesan penjatuhan hukuman mati tersebut dapat mengontrol tingkat kejahatan.

Peradilan kasus hukuman mati (kasus extraordinary crime) tidak berbeda dengan peradilan biasa, padahal seharusnya standart peradilan untuk hukuman mati lebih tinggi dibandinggkan non-pidana mati. Sedangkan dalam pengadilan hukuman mati dipentingkan kehati-hatian dalam pengambilan keputusan, yang berarti semakin lama keputusan diambil maka biaya akan semakin besar. Seperti yang diungkapkan oleh Richard Dieter eksekutif director dari Washington-based Death Penalty Information Center yang mengatakan bahwa *"The more fair and accurate you want to be with the death penalty, the more it will cost and the longer it will take (semakin adil dan akurat hukuman mati, semakin banyak biaya dan waktu yang akan habis)"*.

Fakta telah membuktikan bahwa ternyata hukuman mati mengeluarkan biaya yang besar, sedangkan pelaksanaanya tidak lebih efektif dibandingkan dengan hukuman penjara seumur hidup yang mengeluarkan biaya lebih sedikit. Tidak hanya itu hukuman mati sebagai kontrol kejahatan yang efektif seringkali hanya dijadikan sebagai retotika didalam perpolitikan. Isu hukuman mati diangkat sebagai bentuk dari sikap tegas terhadap kejahatan yang disebut-sebut oleh partai republikan (Amerika) sebagai terusan dari "hukum dan keteraturan" pada awal 1960-an. Kemudian dari demokrat (Amerika) mengangkat isu anti-hukuman mati sebagai isu yang dimunculkan untuk melihat bahwa mereka mementingkan nilai-nilai kemanusian. Nilai atas simbol hukuman mati menjadi perdebatan antara kedua kandidat. Dewasa ini suasana perpolitikan berubah, candidat dari semua level diperintahan mengekspresikan dukungan terhadap hukuman mati. Politisi bermain dengan ketakutan publik atas kejahatan dan menjadikannya sebagai dasar dari debat melawan anti-hukuman mati.

Intisari

Bab ini mematahkan justifikasi pemberlakuan hukuman mati dalam sistem peradilan pidana, ternyata tidak terbukti kebenarannya. Banyak penelitian dari gerakan abolisionis yang membuktikan bahwa justifikasi tersebut hanya mitos belaka. Harapan pemberlakukan hukuman mati tidak dapat terbukti membalikkan keadaan kearah yang lebih baik. Ketika harapan pemberlakuan hukuman mati tidak dapat tercapai, muncul pertanyaan kenapa pemberlakuan hukuman mati tersebut masih dipakai saat ini. Bukan penurunan angka kejahatan yang terjadi tetapi malah menimbulkan kekacauan ditengah masyarakat. Negara seharusnya melihat bahwa pemberlakuan hukuman rentan terhadap kesalahan baik disengaja maupun tidak. Hukuman mati tidak terbukti lebih efektif dalam mengontrol kejahatan dibandingkan hukuman non mati, tapi punya kelemahan-kelamahan fatal. Dengan dasar pertimbangan-pertimbangan tersebut seharusnya negara beserta sistem peradilan pidananya dapat mempertimbangkan buruknya pemberlakuan hukuman mati dan menggantikannya ke alternatif hukuman lainnya

BAB III
HUKUMAN MATI SEBAGAI KEJAHATAN KEMANUSIAAN

Terlepas dari wacana klasik, pro dan kontra hukuman mati dihadapkan pada isu kemanusiaan yang dibangun berdasarkan pertimbangan sosilogis, etis maupun nilai-nilai kemanusiaan yang ada didalam masyarakat. Persoalan kemanusiaan melibatkan moralitas, kepedulian, nilai kemanusiaan, dan rasa sensitivitas. Gagasan kemanusiaan universal merebak seusai perang dunia kedua, menetapkan status hukuman mati sama dengan status dalam keadaan perang. Artinya negara secara langsung mengancam keberadaan masyarakatnya untuk melangsungkan kehidupan. Negara melanggar nilai-nilai kemanusiaan tidak hanya terpidana mati tetapi juga keluarga terpidana dan masyarakat. Negara menebarkan teror untuk menunjukan dominasi tanpa batas terhadap masyarakatnya.

Setiap berbicara tentang kejahatan, akan selalu ada yang ditempatkan sebagai korban dan pelaku. Pemberlakukan hukuman mati sebagai kejahatan kemanusiaan menjatuhkan korban tidak hanya dari sisi terpidana mati saja, tetapi termasuk didalamnya keluarga terpidana dan juga masyarakat. Sedangkan negara dilihat sebagai pelaku kejahatan.

3.1. Korban
3.1.1. Terpidana mati

Hukuman mati dengan terpidana mati mempunyai hubungan langsung, karena terpidana mati adalah korban langsung dari hukuman mati. Hukuman mati mencabut nilai kemanusiaan terpidana sebagai seorang manusia, disatu sisi seseorang yang berstatus terpidana sekalipun harus tetap dihormati sebagai seorang manusia. Hak hidup yang merupakan nilai kemanusiaan dasar untuk menjadi manusia utuh dicabut dalam pemberlakuan hukuman mati

Praktek pelaksanaan hukuman mati tidak lepas dari tindakan yang melanggar nilai kemanusiaan. Komulasi penghukuman berupa hukuman mati yang ditimpali dengan hukuman penjara tidak hanya menghasilkan kerentanan secara fisik tetapi juga psikis. Pencabutan nyawa saja sudah merupakan suatu bentuk kejahatan ditambah dengan hukuman penjara yang menghasilkan derita psikis. Tentu saja komulasi pidana ini menjadi salah satu bentuk kejahatan terhadap kemanusiaan

3.1.1.1. Hak Asasi Manusia

Hak asasi manusia sama pada setiap individu bersifat universal tanpa pengecualian ataupun diskriminasi. Secara universal HAM diartikan sebagai *"rights which are inherent in our nature and without which we cannot live as human being* (hak yang melakat pada diri kita sendiri dimana tanpa hak tersebut kita tidak hidup sebagaimana layaknya manusia). Sifat HAM yang Universal, maka terhadap HAM tidak boleh ada pembeda dalam pemberian jaminan dan perlindungan. Oleh karena itu, maka *universal of human rights* maupun *International Covenant on Economic, Social and Cultural Righs dan International Convenant on Civil and Political Righs* sangat menekan kepada asas tidak adanya diskriminasi. Oleh karena itu negara menghormati hak setiap individu yang sudah tertuang baik dalam peraturan dalam negari maupun perjanjian internasional

Dengan mengacu pada pasal 3 dan 4 *Universal Declaration of Human Rights,* terlihat bahwa hak-hak tersangka dan terdakwa dalam hukum acara pidana suatu negara merupakan hak-hak warga negara *(Civil society)*. Dengan kata lain, meskipun seseorang telah menjadi tersangka atau terdakwa, maka hak-hak warga negaranya tidak akan terhapus begitu saja. Senada dengan yang diungkapkan oleh hubungan proses peradilan pidana dengan HAM, maka yang perlu diperhatikan adalah *civil rights (hak sipil)*. T. H. Marshall mengatakan bahwa *civil rights (hak sipil)* adalah *"The rights to defend and assert all one's rights, on term of equality with others and due process of law"* (hak warga negara adalah hak seseorang untuk membela diri dan menuntut hak-haknya dengan pengakuan atas kebersamaan kedudukannya didalam hukum (equality before the law) dan dengan melalui proses hukum yang adil (due process of law)

Dengan mengacu pada pandangan T.H. marshall tersebut, dapat terlihat jelas bahwa hak-hak tersangka dan terdakwa dalam hukum acara pidana suatu negara adalah merupakan bagian dari hak-hak warga negara (civil right). Dengan kata lain, meskipun seseorang telah menjadi tersangka atau terdakwa, maka hak-hak warga negaranya tidak akan terhapus begitu saja. Walaupun seseorang yang melakukan kejahatan (yang diancam hukuman mati), hak mereka sebagai manusia tidak lantas boleh dicabut. Terpidana (mati) tetap sederajat dengan individu lainnya yang ke-ada-annya harus tetap dihormati.

Hak untuk hidup setiap individu diakui termasuk hak hidup terpidana, ketika membicarakan hak hidup sering dikaitkan dengan nilai dari hidup seseorang. Beberapa argumen pro hukuman mati menyatakan walaupun hak hidup terpidana diakui tapi nilai hidup setiap orang berbeda. Hal tersebut tidak dapat diterima karena tidak ada satu orang pun atau satu alat pun yang dapat mengukur nilai hidup seseorang

3.1.1.1.1. Nilai Hidup.

Hidup manusia mempunyai nilai yang tidak dapat dibatasi karena merupakan bagian terpenting seseorang dapat dikatakan sebagai manusia, oleh sebab itu harus dihormati dan dilindungi. Hal ini juga didasari dari kepercayaan bahwa kematian merupakan hal yang sangat tidak bernilai dan salah. Nilai dari hidup setiap manusia sama harganya dan dan sama pentingnya termasuk didalamnya nyawa penjahat sekalipun. Nilai hidup tersebut tidak dapat dihapus ataupun direndahkan walau dengan alasan apapun. Dengan pemberlakuan hukuman mati justru malah membantahkan niat baik negara untuk menghormati nilai hidup seseorang.

Kemudian timbul perdebatan ukuran "nilai" dari nyawa seseorang pelaku kejahatan. Berapa besar nilai dan potensial nilai pelaku kejahatan (seperti pembunuh residivist, bandar narkoba, atau para pemerkosa) tersebut kedepannya dan hal yang paling penting adalah apakah nilai hidup tersebut berkurang karena perbuatan atau latar belakang hidupnya. Tidak ada dasar apapun untuk menilai harga dari nyawa seseorang baik berdasarkan latar belakang, kondisi saat ini, ataupun prospeknya masa depan. Manusia tidak dapat menilai nyawa orang lain, karena tidak ada kekuatan seorang manusia pun yang sanggup untuk menakar dengan seadil-adilnya nilai hidup seseorang. Nilai hidup seseorang sama berharganya, tidak dapat diukur nyawa seseorang pantas mati (nilai hidup lebih rendah) karena nilai hidup orang lain lebih tinggi.

Terpidana mati yang menunggu antrian eksekusi, hidup dalam esensi kata tidak bernilai dan tidak berharga. Masyarakat akan cenderung bersikap menjauh dan negara tidak menganggap terpidana sebagai manusia lagi karena kesalahan yang pernah mereka perbuat. Bagi terpidana mati, tidak hanya hak untuk hidup yang dicabut tetapi sistem peradilan pidana martabat mereka juga direndahkan. Sistem peradilan pidana tidak memberlakukan mereka selayaknya manusia, dilain pihak terpidana mati tidak pernah berhenti menjadi seseorang manusia. Artinya setiap penjahat termasuk didalanya penjahat kelas berat sekalipun, nyawa mereka berharga dan negara maupun masyarakat tidak dapat mengeksekusi sekalipun itu penjahat tersebut adalah pembunuh.

3.1.1.1.2. Hak Hidup

Ada Larangan secara secara moral untuk mengambil nyawa seseorang sekalipun penjahat karena penjahat pun punya hak hidup yang tidak dapat dicabut. Oleh karena itu penjatuhan hukuman mati melanggar hak untuk hidup. Hak untuk hidup tidak dapat diganggu gugat atas dasar pertimbangan apapun. Kita mempunyai hak hidup sama berharganya pada tiap individu. Tidak ada satu orang pun yang berhak menghakimi nyawa orang lain karena manusia berada dalam derajat yang sama. Hak untuk hidup adalah yang pertama dan terpenting, tanpa kehidupan tidak dapat seseorang dikatakan sebagai manusia dan semua hak lain akan jadi tak bernilai.

Hak hidup merupakan hak terpenting yang sangat krusial tidak dapat dibatasi, dikurangi dan dicabut karena merupakan hak absolut seorang manusia dikatakan sebagai manusia. Hak untuk hidup tertera dalam *Universal Declaration of Human Right* juga yang menyatakan hak untuk bebas juga merupakan hak dasar manusia. Gerakan pendukung hukuman mati menggunakan pernyataan diatas untuk membantah hak abosolut untuk hidup. Mereka kemudian mempertanyakan ketidak-konsistenan argument kontra yang menyatakan hukuman mati melanggar hak hidup sedangkan penjara boleh diberlakukan walau membatasi hak untuk bebas.

Berbicara mengenai hak dasar yang didalamnya terdapat hak untuk hidup sejatinya memang tidak dapat dicabut. Hak untuk hidup hanya ada dua pilihan yaitu dicabut atau tidak dicabut. Nyawa tidak dapat dibatasi karna hak untuk hidup hanya ada dalam pilihan hitam atau putih, atau yang lebih sederhananya ada nyawa atau sama sekali tidak bernyawa. Sedangkan yang menjadikan seseorang menjadi manusia adalah nyawa dari manusia itu sendiri, karna bagaimanapun tidak ada seseorang dikatakan sebagai manusia jika tidak bernyawa. Oleh karena itu kondisi dari hukuman mati menjadi khusus karena tujuan dari hukuman ini adalah mencabut nyawa seseorang. Sedangkan bila berbicara hak untuk bebas di penjara, hak untuk bebas tidak dicabut tapi dibatasi karena sejatinya mereka masih bergerak tapi dalam ruang terbatas. Jadi kedua baik hak untuk hidup maupun hak untuk bebas berbeda.

. Hak untuk hidup adalah hak asasi yang paling dasar bagi seluruh manusia. Hak hidup merupakan bagian dari hak asasi yang memiliki sifat tidak dapat ditawar lagi (*non derogable rights*). Artinya, hak ini mutlak harus dimiliki setiap orang, karena tanpa adanya hak untuk hidup, maka tidak ada hak-hak asasi lainnya. Hak tersebut juga menandakan setiap orang memiliki hak untuk hidup dan tidak ada orang lain yang berhak untuk mengambil hak hidupnya. Salah satu contoh penghilangan hak hidup adalah hukuman mati yang telah melecehkan nilai kemanusiaan, martabat, norma agama dan juga dianggap sebagai tragedi atas hak asasi manusia. Hukuman mati merupakan kejahatan terhadap kemanusiaan dan peradaban serta merupakan salah satu kesalahan serius negara terhadap nilai kemanusian itu sendiri.

Selain itu Hak untuk hidup adalah hak yang melekat di dalam diri *(right in itself)* setiap orang. Hidup menyatu dengan tubuh manusia atau setiap orang. Merenggutnya berarti mengakhiri hidup seseorang. Pada titik yang mengerikan inilah hidup seseorang sebagai manusia berakhir karna hak hiduplah yang menandai seseorang tersebut disebut sebagai manusia dan baru bisa mendapatkan hak asasi manusia yang lainnya.

Hak untuk hidup paling ditekankan untuk dihormati dan dilindungi oleh semua Negara sebagaimana terkandung dalam Pasal 6 Kovenan Internasional tentang Hak-hak Sipil dan Politik yang telah diratifikasi RI. Penghormatan dan perlindungan bukan saja bersumber dari prinsip dan norma hak-hak asasi manusia internasional, tapi juga telah menjadi bagian dari ketentuan hukum nasional. Negara berkewajiban melindungi dan menjamin setiap orang agar dapat menikmati hak untuk hidup

Meskipun Deklarasi Universal HAM tidak memiliki karakteristik yang cukup kuat untuk dianggap sebagai norma hukum internasional, ada pendapat yang cukup luas diterima yang memandang bahwa melalui *customary international law* Deklarasi Universal HAM ini telah menjadi salah satu sumber hukum Internasional.

The Universal Declaration of Human Right yang pertama kali tahun 1948 mengangkat issue *"right to life (hak untuk hidup)"* menjadi hak dasar manusia yang kemudian berubah menjadi *"right to existence (hak untuk eksis)"* yang kemudian konsep tersebut berubah lagi menjadi sentral konsep dari *"right to dignity (hak untuk dihormati)"*. Hak dasar ini lah yang menjadi awal dari hak-hak dasar yang kemudian berkembang dewasa ini. Pada awalnya aturan tentang hak untuk hidup dalam Universal Declaration of Human Right menyiapkan draf hak untuk hidup dengan bunyi:

> *"everyone has the rights to life. This rights can be denied only persons who under general law of some crime to which the death penalty is attached"*

Draft yang diajukan tersebut menjadi perdebatan apakah hukuman mati boleh diterapkan atau tidak, akhirnya mencapai kesepakatan perubahan dari pasal hak untuk hidup menjadi:

> *"(e)veryone has the right to life"* dan *"(n)o one shall be subjected to torture or to cruel, inhuman or degrading treatment or punishment"*.

The Universal Declaration of Human Right mempertahankan hak untuk hidup seseorang, bahkan seorang terhukum pun tidak boleh dijatuhkan penghukuman yang bersifat kejam, tidak manusiawi atau yang merendahkan. Selain itu berdasarkan Pasal 3, *"(e)veryone has the right to life, liberty and security of person. (Setiap orang berhak atas kehidupan, kemerdekaan, dan keamanan pribad)i*". Bentuk yang paling ekstrim dari pelanggaran hak untuk hidup ini ialah pembunuhan atau melukai jasmani atau rohani dari seseorang ataupun dari kelompok (Levin, 1987: 45). Hukuman mati jelas telah melanggar pasal ini, dimana orang yang dijatuhi hukuman mati telah dirampas kehidupannya, kemerdekaannya, keamanan pribadinya. Bagaimanapun juga hukuman mati adalah hukuman yang sangat melanggar hak untuk hidup bagi manusia sebagai makluk ciptaan Tuhan.

Jika pidana mati ditinjau menurut Kovenan Internasional Tentang Hak Sipil politik yaitu Pasal 6 ayat (1) *Pada setiap insan manusia melekat hak untuk hidup. Hak ini harus dilindungi oleh hukum. Tidak seorangpun insan manusia yang secara gegabah boleh dirampas kehidupannya.* Seperti halnya dijelaskan pada Pasal 3 DUHAM bahwa pelaksanaan eksekusi mati, telah melanggar pasal 6 ayat (1), eksekusi mati pada dasarnya menimbulkan kesakitan fisik dan dirampasnya hak hidup dari seseorang, dan ini yang bertentangan dengan Pasal 6 ayat (1) ICCPR dan Pasal 3 DUHAM.

Tidak hanya universal declaration of human right yang melarang diberlakukannya hukuman mati tetapi beberapa intrument hukum atau perjanjian international lainnya untuk meempertegas dilarangnya pemberlakukan hukuman mati perjanjian yang pertama adalah protocol no 6 European Convention of Human rights, protocol no 13 to the European Convention, the second optional Protocol to the International Covenant on Civil and Political Rights Aimed at Abolition of the Death Penalty dan American Convention on Human Right to Abolish the Death Penalty. Instrument perjanjian International ini melarang penjatuhan hukuman mati kecuali hukuman mati disaat perang atau wartime (Schabas, 2004). Kewenangan mencabut hak untuk hidup dapat digolongkan sebagai pelanggaran hak-hak asasi manusia yang berat (gross violation of human rights). Karena merenggut salah satu hak yang tak boleh ditangguhkan pemenuhan. Tindakan ini menebas hidup yang hanya dalam diri seseorang yang tak pernah bias tersembuhkan atau tergantikan

3.1.1.2. Hukuman mati bersifat kejam dan mengerikan (Cruel and unusual punishment)

Tidak hanya sampai pada pencabutan nyawa, tapi dalam pelaksanannya hukuman mati juga digolongkan pada hukuman yang kejam dan tidak biasa (cruel and unusual punishment) karena mereka tidak saja menerima hukuman mati tetapi juga hukuman kurungan yang secara normatif, komulasi hukuman ini tidak pernah didapati dasar hukum dan pengakuan keberadaannya, namun didalam prakteknya sering kali terjadi. (Bonnie, 1980). Ketika menjalani hukuman kurungan mereka rentan akan kekerasan psikologis dan fisik. Rentan secara psikologis khususnya merupakan suatu bentuk penghukuman yang sangat kejam, karena jiwa bagian penting manusia yang tidak bisa mati terwujud dalam bentuk pikiran, semangat, nafsu, dan keinginan. Ketika semua hal tersebut sudah tak ada, maka mereka tidak lagi berfungsi sebagai manusia.

Seperti yang diungkapkan oleh *Human Rights Jurisprudedences* bahwa pelaksanaan hukuman mati bersifat khusus karena tidak hanya tujuan hukuman mati yang mencabut nyawa seseorang saja yang salah, tapi juga dalam pelaksaannya seperti pada saat kondisi penantiannya, saat kondisi penantian tersebut *"the relentless regime lockdown, loneliness, isolation, and hopelessness while one awaits death, exacting a terrible psychic, spritual, psychological and familial toll (saat-saat dikurung tanpa belas kasihan, kesepian, isolasi dan dalam keputus-asaan dalam penantian kematian, mengalami kekerasan fisik, spritual, psikologis, maupun pemutusan hubungan keluarga.)"* [15]

Seseorang terhukum yang dijatuhi hukuman mati, tidak seharusnya mendapat hukuman tambahan yaitu hukuman kurungan. Walaupun pada kenyataanya memang terpidana mati tetap harus tetap ditempatkan di kurungan tapi bukan dimaksudkan untuk menjalani hukuman kurungan. Representasi kurungan bagi terpidana mati adalah untuk menunggu persiapan administrasi dan upaya hukum sudah terselesaikan.

Dinegara-negara yang memberlakukan hukuman mati, terpidana tetap berada dibawah penjagaan pengawas atau sipir dan ditempatkan di sel terpisah dan juga bukan bagian dari populasi penjara. Di United states administrasi kasus yang dijatuhi hukuman mati ini memang memakan beberapa tahun, sementara terpidana mati akan ditempatkan diruang isolasi atau *death*

---

[15] The Death Row Phenomenon is a Violation of the Limitations Placed on Capital Punishment Under International Human Rights Law. Human Rights Council. 4th Session

row. Sedangkan realitasnya di Indonesia terpidana mati digabungkan dengan terpidana lainnya, sehingga tidak ada perbedaan antara sel khusus terpidana mati ataupun sel khusus terpidana dengan hukuman yang lebih ringan

Prose peradilan hukuman mati memakan waktu yang tidak sebentar, dalam penantiannya terpidana mati ditempatkan disel khusus (Death row). Dalam penahanannya terpidana mati tidak mendapat fasilitas-fasilitas lain tarpidana non-mati seperti kesempatan bebas jaminan atau terapi. Proses penantian eksekusi setiap dekade nya mengalami penambahan waktu, seperti di United States rata-rata lamanya waktu penantian antara penjatuhan vonis sampai pada eksekusi dari 51 bulan di tahun 1977 menjadi 133 bulan ditahun 1973 (Hudson, 2000). Privy Counsil Jamaica secara umum telah menetapkan peraturan mengenai lamanya penundaan eksekusi (African Law, 1996). Penundaan eksekusi lebih dari 5 tahun dianggap sebagai *"strong ground for violance"*.

Dalam penantian mereka rentan terhadap derita psikis karena bayang-bayang kematian yang menghantui terpidana mati setiap hari bulan, dan tahun-tahun penantian mereka. seperti salah satu ungkapan yang menyatakan bahwa bayang-bayang kematian lebih menakutkan dari pada kematian itu sendiri. Secara mental mereka sangat rentan karena emosi yang terus menerus terkuras. Saat seperti itu membuat mereka menunjukan prilaku-prilaku yang tidak bisa dianggap normal. Beberapa peneltian mengungkapkan bahwa jika pelaku kajahatan yang biasanya mengeluarkan amarah dengan menggunakan otot akan mengalami kekecewaan berat ketika berada di sel isolasi.

Death row di Amerika lebih rentan terhadap derita psikis karena tidak ada kegiatan kalaupun ada hanya aktifitas yang monoton, terpidana mati lama-lama akan rentan secara psikologis dan dapat menjadi gila, ibarat gelas yang gampang pecah (Slovenko, 1964). Setiap orang pasti akan mengalami ketidakstabilan jiwa jika dikurung lama ditambah lagi pengurungan dalam penantian eksekusi. bentuk penyiksaan secara psikologis ini dikenal dengan istilah *psychological torture*. *Psychological torture* merupakan hasil dari perpanjangan hukuman kurungan dibawah ancaman eksekusi yang menghantui terpidana mati (Blank, 1996)

Kalaupun terpidana tidak secara perlahan-lahan mengalami ganguan jiwa, seringkali mereka akan mengami gangguan emosi naik dan turun. Bertingkah salah dan masa bodoh sama sekali tidak mepedulikan orang lain. Mental terpidana mati adalah yang paling rentan, mereka selalu dihantui oleh bayang-bayang kematian, ketakutan setiap kali akan datangnya kematian. Dalam prakteknya hal-hal seperti ini tidak menjadi fokus perhatian, sehingga keadaan-keadaan mental mereka yang rentan ini seringkali tidak terlihat padahal efek selanjutnya dapat membuat terpidana mati menjadi gila, melarikan diri, atau pun mencoba membunuh diri.

Penelitian pertama yang dilakukan oleh Bluestone dan McGahee tahun 1962. Mereka mengintervier 18 terpidana mati laki-laki dan 1 orang terpidana mati perempuan yang menunggu ekseskusi di penjara Sing-sang. Dari hasil penelitian ditemukan bahwa terpidana tersebut mengamali rasa kekecewaan dan depressi yang mendalam. Pada tahun 1972 penelitian lainnya dilakukan oleh Gallemore dan Panton kepada 8 orang terpidana mati yang telah menunggu eksekusi selama lebih dari 2 tahun. 5 orang terbukti tidak mengalami kemunduran atau kemerosotan dan 3 diantanya mengalami gejala insomnia berat. Penelitian lebih jauhnya juga dilakukan setelah penelitian sebelumnya yang memakai sample yang lebih luas yaitu 34 orang terpidana hukuman mati yang ditempatkan di death row menunjukan bahwa adanya perasaan depresi dan kehilangan harapan yang dialami oleh terpidana hukuman mati tersebut. gangguan psikologis lainnya tidak di obeservasi. (Shepherd, 2004)

Tahun 1982 Jonhson melakukan studi lainnya dengan menginterview 34 orang terpidana hukuman mati yang hasilnya adalah kebanyakan dari mereka mengalami powerlessness, takut dengan lingkungan, dan emosi yang berlebihan. Semakin muda terpidana mati maka gangguan mental suffering diatas semakin terlihat jelas. (Kastrup, 1998)

Tahun 1986 penelitian yang dilakukan oleh Smith dan Felix yang merupakan psykiatri melakukan interview dengan 34 terpidana mati. Dari hasil penelitian mereka 7 orang yang terbukti mngalami masalah depresi. Kesimpulannya adalah 46% dari terpidana mati menunjukan tidak ada perubahan dari personality mereka, 36% mengalami kemajuan dalam sikap mereka, dan 18% mengalami kemunduran. (Kastrup, 1998)

Penelitian ini sejalan dengan suatu survey tentang tingkat kestress-an terpidana mati yang dikurung di death row, yang melibatkan 15 terpidanan mati perempuan dan laki-laki yang dijatuhi hukuman mati antara tahun 1976-1984. Subjek yang dipilih berdasarkan kesegeraaan waktu eksekusi terpidana mati. Mereka merupakan terpidana perwakilan death row. Dalam evaluasi klinikal mereka mengalami "hardening" (keras atau kuat atau besar) atas perlawanan psikologis mereka setiap waktu. Beberapa dari mereka mengalami gejala-gelaja stess berat dalam merespon keaadaan mereka, tapi beberapa diantara mereka tidak menunjukan tanda-tanda stress tapi menerima keadaan. (Haney, 1997)

Penundaan eksekusi ini dikarenakan beberapa faktor general (Hudson, 2000) yaitu berkurangnya gerakan untuk mendukung hukuman mati, disamping semakin banyaknya gerakan menentang hukuman mati. Hal ini terlihat dari pro kontra yang tidak berkesudahan dalam penerapan hukuman mati dan semakin banyaknya negara yang menghapuskan hukuman mati sebagai pidana pokok. Untuk itu negara berhati-hati untuk melakukan eksekusi, karena politisi juga semakin sensitif atas opini publik.

Faktor yang kedua adalah terpidana mati sendiri menghendaki penundaan eksekusi. Walaupun pada kenyataanya penundaan eksekusi ini dikategorikan sebagai hukuman yang kejam (cruel) tapi dari pihak terpidana sendiri tidak menghendaki untuk mempercepat waktu eksekusi. terpidana mati sendiri tidak dapat disalahkan sepenuhnya untuk mengambil keuntungan atas pengunduran waktu eksekusi atas upaya hukum yang dilakukan. Dengan cara mengupayakan proses hukum seperti mengupayakan sisa hidup mereka

Faktor yang ketiga adalah bertambahnya peraturan yang bertujuan untuk melindungi hak-hak terpidana, termasuk didalamnya banding, peninjauan ulang, kasasi, maupun grasi sebagai bentuk dari upaya hukum yang dilakukan oleh terpidana. Dalam kenyataanya tidak ada batasan waktu pengajuan upaya hukum, sehingga seringkali kasus tersebut lama diproses yang mengakibatkan penundaan eksekusi. Kasus mereka kebanyakan digantung-gantung, tidak diselesaikan dengan cepat tanpa menunda-nunda waktu

Ketidakpastian atas kesewang-wenangan waktu penantian ini secara eksplisit merupakan bagian dari *dramatic ordeal (siksaan yang bersifat dramatis)*. Keadaan seperti ini yang kemudian menjadi dilema penjatuhan hukuman mati (saat ini) adalah *death row phenomenon* yang melanggar hak dasar manusia karena kenyataanya hukuman mati saja sudah sangat mengerikan ditambah dengan kurungan selama berpuluh-puluh tahun yang tentu merupakan penambahan hukuman yang tidak lazim dan tidak beralasan.

Penundaan eksekusi bertentangan dengan artikel 14 (3) (c) ICCP tentang setiap orang yang dijatuhi hukuman harus tetap terpenuhi jaminan-jaminan minimum salah satunya adalah tanpa penundaan yang tidak semestinya. Menurut United Nation Human Rights Committee bahwa penundaan selama lebih dari 45 bulan dalam penantian eksekusi adalah melanggar HAM. Artikel 7 ICCPR dan Convention Againts Torture and other Cruel, Inhuman or Degrading Treatment or Punishment pada dasarnya berisikan bahwa tidak ada seorang pun yang diperbolehkan disiksa atau mendapatkan hukuman yang merendahkan martabat manusia.

Perpanjangan hukuman kurungan dalam penantian eksekusi dapat memberikan efek psikologis yang buruk terhadap terpidana mati.

Peraturan diatas melarang segala bentuk penghukuman yang bertentangan dengan kesusilaan didalamnya mengandung unsur penyiksaan atau yang membuat sekarat atau hukuman yang tidak seharusnya, sembarangan menjatuhkan derita adalah melanggar yang dikategorikan sebagai hukuman kejam dan tidak semestinya *(cruel and unnecessary punishment)*. Hal ini menjadi dasar bahwa penundaan eksekusi dikategorikan menjadi hukuman yang bersifat kejam dan menyiksa.

3.1.2. Keluarga Terpidana Mati

Selanjutnya hukuman mati secara tidak langsung menarik korban dari pihak keluarga terpidana mati, walaupun keluarga terpidana mati merupakan *Hidden Victim,* tidak terlihat sebagai biaya atas penjatuhan hukuman mati. Keluarga terpidana mati dipermasalahkan ketika mempunyai hubungan pertalian dengan terpidana mati didalam masyarakat. Masyarakat melihat mereka sebagai salah satu penyebab munculnya sifat jahat atau sama jahatnya dengan terpidana mati. Keluarga terpidana mati merupakan korban dari kejahatan kemanusiaan yang ditimbulkan dari pemberlakuan hukuman mati

3.1.2.1. Dampak Sosiologis Terhadap Keluarga Terpidana Mati

Dampak sosilogis terhadap terpidana mati ini merupakan hasil review dari buku yang ditulis Susan F Sharp berjudul *Hidden Victims: The effects of The Death Penalty on Families of The Accused* tahun 2005. Korban sistem peradilan pidana dari pemberlakuan hukuman tidak hanya terpidana mati itu saja, tetapi berimbas terhadap orang-orang yang punya hubungan darah dengan terpidana mati. Hukuman mati seperti yang disebut-sebut diatas tidak hanya mengenai pencabutan nyawa seseorang tetapi juga penjatuhan derita-derita diluar dari yang seharusnya terhadap terpidana mati. Derita tidak hanya dipikul oleh objek penghukuman semata, tetapi juga keluarganya. Masyarakat menilai bahwa keluarga terpidana mati pantas mendapatkan hukuman karena punya hubungan dengan terpidana mati dan diasumsikan bahwa mereka juga ikut bersalah.

Sistem didalam masyarakat tidak memberikan perhatian terhadap keluarga terpidana mati karena mereka hanya bagian kecil dalam masyarakat tidak sebanding dengan tingkat kejahatan yang dilaporkan. Begitu juga populasi terpidana mati yang sedikit, tidak sebanding dengan terpidana dengan kasus yang lebih ringan. Oleh sebab itu dampak hukuman mati terhadap keluarga dari pihak terpidana mati seringkali tidak dianggap sebagai biaya dalam sistem peradilan pidana. Bork menyatakan keluarga terpidana mati merupakan *the hidden victim*.

Keluarga terpidana mati adalah korban yang tidak diperhitungkan oleh lingkungan dan masyarakat sekitar. Amnesty International (AI) memberikan perhatiannya terhadap hukuman mati khususnya di Amerika sebagai *"state cruelty againts families (kejahatan atau kekerasan yang dilakukan negara terhadap keluarga terpidana mati)"*. Beberapa penelitian yang fokus terhadap isu ini, mendapatkan hasil yang sama yaitu tidak hanya terpidana mati saja sebagai korban dari sistem peradilan pidana tetapi juga pihak dari keluarga korban.

Keluarga terpidana mati sering mengalami pengasingan, maupun pemboikotan ketika berada didalam masyarakat. Keluarga terpidana mati merespon pengasingan dan pemboikotan itu dengan semakin mengasingkan diri, merasa bersalah, merasa malu dan takut akan reaksi masyarakat terhadapnya. Keluarga terpidana mati terobsesi terhadap bagaimana masyarakat memandang mereka sebagai keluarga terpidana mati atau lebih lanjut memandang diri mereka sama seperti pandangan masyarakat terhadap mereka. Selanjutnya masyarakat cenderung memutuskan hubungannya dengan keluarga terpidana mati atau mengasingkan mereka sebagai anggota masyarakat. Hal ini sebabkan naluri sebagai manusia yang berusaha sejauh mungkin dari pelaku kejahatan. Tidak pengucilan tapi masyarat juga cenderung memberikan stigma kotor.

Keluarga terpidana mati mengalami dilema meresponnya dengan menarik diri, marah, kecewa ataupun ikut begabung dengan grup-grup supporting social (sama seperti kelompok-kelompok sosial yang tujuannya berusaha untuk memberikan dukungan kepada orang-orang atau keluarga seperti AIDS, maupun drug, lazim ada di negara-negara maju seperti Amerika). Beberapa dari mereka dapat berdamai dengan situasi dengan cara menarik diri dari masyarakat. Sedangkan yang lain merespon dengan berjuang melawan sistem itu sendiri dan pada berakhir dengan bergabung dengan kelompok-kelompok sosial support karena lelah atas usahanya

Anggapan prilaku jahat terpidana mati berasal dari latar belakang keluarga yang penuh dengan kekerasan atau pengabaian. Ungkapan bahwa buah jatuh tidak jauh dari pohonnya yang artinya bahwa prilaku anak sama dengan prilaku orang tuanya, anak akan meniru perilaku orang tuanya. Artinya bibit jahat yang didapat anak berasal dari keluarganya, alasan itu yang kemudian mendasari masyarakat publik takut menjadi korban kejahatan kemudian mendorongnya untuk menjauhi keluarga dari terpidana mati.

Media juga mempengaruhi viktimisasi terhadap keluarga terpidana mati dengan mengekspos, membesar-besarkan, mempengaruhi dan mendramakan segala sesuatu yang berhubungan dengan terpidana mati. Media menyoroti sejarah hidupnya, peran keluarganya, sampai pada kebiasaan yang dilakukan terpidana mati. Semua aspek dari kehidupan terpidana mati dibuat dalam paket menarik dan didesign untuk menciptakan ketakutan. Ini merupakan cara mereka menaikan rating atau meningkatkan hasil penjualan berita. Salah seorang kriminolog Amerika pun menyatakan bahwa media juga mempengaruhi definisi jahat dan kejahatan. Ketika media mengagambarkan kehidupan pribadi dari terpidana mati, maka secara langsung maupun tidak langsung, publik yang mengakses media tersebut merasa semakin takut menjadi korban. Masyarakat cenderung takut menjadi korban dan membenci penjahat bukan prilaku jahatnya. Ketakutan menjadi korban ini kemudian diwujudkan dengan mendukung eksekusi terhadap terpidana mati dan mengucilakan keluarganya. Keluarga dari pihak terpidana mati akan merasa terasingkan seperti diisolasi, mereka mendapatkan stigma dan kehilangan identitas individual mereka atau dikategorikan sebagai "orang yang mempunyai hubungan dengan terpidana mati".

Keluarga terpidana mati kehilangan harapan dan merasa malu dan bersalah. Lebih jauh keluarga terpidana mati khususnya orang tua terpidana mati akan membiarkan dirinya terekspos media dengan cerita apapun yang diberitakan menyangkut kehidupan latar belakang keluarga. Cerita yang dibuat seolah-olah kecenderungan berbuat jahat tersebut diturunkan dari keluarga. Keluarga dari terpidana mati membiarkan diri mereka digambarkan sebagai keluarga yang kasar (abusive) dan sebagai keluarga yang tidak menjalankan perannya dengan baik. Hal ini dimaksudkan sebagai alasan munculnya prilaku jahat terpidana, dengan harapan dapat menyalamatkan terpidana mati atas ancaman kematian. Walapun tidak ada jaminan untuk mengurangi hukumannya, yang jelas publik akan merespon buruk keluarga terpidana mati.

Dalam bab sebelumnya sudah dijelaskan bahwa banyak penelitian yang membuktikan hukuman mati punya kecenderungan diskriminatif. Status ekonomi dan sosial berpengaruh terhadap jenis hukuman yang diterima. Kecenderungan hukuman mati dijatuhkan terhadap terpidana yang berasal dari keluarga menengah bawah. Professor Sharp menyatakan bahwa karakteristik utama dari keluarga terpidana mati adalah mereka yang berada dalam lingkaran kemiskinan berusaha semampu mungkin bertahan untuk mendapatkan keadilan. Kenyataanya terpidana mati yang melakukan kejahatan berat dan mengerikan dikarenakan usaha membela diri atau membunuh tidak sengaja, diprovokasi oleh korban, ataupun karena kejiwaan yang terganggu (mental illness). Sedangkan terpidana mati yang berada di *death row* disebabkan tidak dapat mengusahakan pengacara yang kompeten. Tidak mudah menghakimi seseorang pantas dicabut nyawanya atau tidak, karena orang yang menerima hukuman mati belum tentu lebih jahat dibandingkan dengan orang yang hukumannya lebih ringan.

Tentu saja yang menjadi korban disini tidak hanya dari pihak keluarga terpidana mati tetapi juga dari pihak keluarga korban kejahatan. Walaupun kedua belah pihak sama-sama berada dalam situasi trauma, dukacita, dan sama-sama menderita kerugian finansial tetapi terdapat perbedaan. Disatu sisi pihak dari terpidana mati punya waktu untuk mempersiapkan mental ketika kehilangan nyawa anggota keluarganya, tidak begitu adanya bagi kelurga korban. Keluarga korban tidak punya waktu mempersiapkan mental walaupun menghasilkan kemarahan, depresi dan frustasi yang sama dari kedua belah pihak. Walaupun sebenarnya mempersiapkan diri atas persiapan kehilangan anggota keluarga terus menerus selama bertahun-tahun merupakan siksaan tersendiri.

Keluarga terpidana mati harus menghadapi keputusasaan dan harapan disaat bersamaan selama bertahun-tahun, selama terpidana mati berada dalam proses peradilan. Walaupun keluarga terpidana mati mempunyai waktu untuk mempersiapkan mental atas kehilangan salah satu anggota keluarga mereka, hal itu sangat menguras tenaga, karena harapan dan kehilangan berjalan bersamaan. Keluarga terpidana mati akan berada dalam siklus antara punya harapan dan tidak punya harapan selama terpidana mati masih menjalankan proses peradilan, hal ini digolongkan pada tipe *"ambiguous loss"*.

Menurut Kubler Ross, keluarga terpidana mati mengalami rasa kesedihan yang mendalam, karena mereka akan mengalami emosi turun naik, rasa kehilangan berulang-ulang dan berkali-kali atas kehilangan salah satu anggota keluarga. Dalam hal mejelaskan pengalaman mereka Ross mendeskripsikannya dengan (Sharp 2005):

1. Tahap pertama, denial dan horror (penyangkalan dan ketakutan). Hampir seluruh dari subjek penelitian (anggota keluarga terpidana mati) awalnya memperlihatkan reaksi antara penyangkalan dan ketakutan. Reaksi mereka meliputi rasa tidak percaya, dan meyakinkan diri bahwa ada kesalahan yang terjadi.

2. Tahap kedua, The BADD Cycle: Bargaining (tawar-menawar), Activity (aktivitas), Disillusionment (kekecewaan), and Desperation (keputusasaan). Dampak hukuman mati yang paling destruktif ada pada bagian cirklus ini. Cirklus ini merupakan bagian antara harapan dan keputusasaan silih berganti. Bagaimanapun juga dlm hal ini keluarga dari pihak terpidana mati semampu mungkin melalukan kegiatan atau usaha apapun untuk mengatasi rasa kekecewaan terhadap sistem peradilan pidana.
3. Tahap ketiga, surrender (penyerahan). Setelah segala macam usaha tidak membuahkan hasil, beberapa dari mereka akan menyerah terhadap keputusasaan dan depresi. Selanjutnya menerima eksekusi yang tidak dapat dihindari dan kemudian kembali berpikir kearah yang lebih positif seperti fokus terhadap kenyataan bahwa salah seorang anggota keluarga yang dicintai setidaknya tidak akan menghabiskan waktunya lagi disel kecil dan gelap.
4. Tahap keempat. Picking Up the Pieces (mengumpulkan semua potongan). Setelah mengusahakan segala usaha, mendapatkan hasilnya baik itu pembebasan dari tuduhan, mendapat keringanan, atau eksekusi, keluarga terpidan mati berusaha kembali kekeadaan sebelumnya. Mengumpulkan kembali sisa-sisa kekuatan karena walau bagaimana pun hidup masih terus akan berlanjut.

Dalam sistem peradilan, para penegak hukum hanya peduli terhadap perlindungan keluarga korban. Hal ini menunjukan para penegak hukum punya asumsi keluarga terpidana mati punya alasan untuk suatu waktu menyerang keluarga korban kejahatan. Sedangkan dalam peradilan, keluarga korban kejahatan diperbolehkan membuat testimoni tentang implikasi kejahatan tersebut terhadap keluarga mereka, sedangkan pihak aggota keluarga terpidana mati sama sekali tidak diperkenankan untuk angkat bicara. Selain itu pihak keluarga terpidana mati tidak mendapatkan sosial support dari masyarakat berbeda dengan keluarga korban kejahatan.

Tidak hanya pengalaman berbeda yang didapat antara keluarga korban kejahatan dengan keluarga terpidana mati, tapi juga pengalaman yang didapat oleh keluarga terpidana mati dengan terpidana hukuman penjara. Perbedaanya keluarga terpidana kurungan punya harapan lebih, bahwa suatu waktu terpidana tersebut bebas dari hukuman. Sedangkan keluarga terpidana mati secara permananen kehilangan anggota keluarga, harapan cuma ada ketika proses banding berlangsung. Selain itu keluarga terpidana penjara diperbolehkan menghubungi atau kontak langsung dengan terpidana selama masa kurungan, sedangkan bagi keluarga terpidana mati tidak diperbolehkan kontak fisik, kecuali disaat-saat tertentu.

Jadi, sistem peradilan pidana kita yang cenderung membalas kejahatan dengan kejahatan untuk menciptakan kedamaian. Yang menjadi korban dalam sistem peradilan pidana tidak hanya terpidana mati tetapi juga pada keluarga terhukum. Hal ini sering sekali tidak diindahkan karena sistem peradilan pidana tidak bertanggung jawab atas kerugian yang diterima keluarga terpidana mati. Keluarga terpidana mati hanya bagian kecil, tidak sebanding dengan total kejahatan. Oleh karena itu mereka tidak dianggap sebagai pengeluaran dalam hukuman mati.

6.1.3. Masyarakat

Terhadap masyarakat pemberlakuan hukuman mati memberikan dampak destruktif. Hukuman mati dengan alasan pemberlakuannya adalah untuk menakut-nakuti masyarakat agar tidak mengulangi perbuatan yang serupa, menempatkan masyarakat sebagai korban. Nilai dan moralitas didalam masyarakat terkikis karna hukuman mati melanggar rasa kemanusiaan.

3.1.3.1. Merusak Moralitas umum dalam masyarakat

Hukuman mati tidak hanya menjatuhkan korban dari pihak terpidana mati dan keluarga terpidana mati saja, tetapi juga berimbas pada masyarakat. Secara langsung hukuman mati ditujukan sebagai sarana pembelajaran masyarakat atas definisi jahat menurut Undang-undang. Secara tidak langsung ternyata hukuman mati justru berdampak sebaliknya, yaitu bila negara tidak menghormati nyawa seseorang dan menganggap tepat untuk dengan tenang melenyapkan nyawa seseorang, maka berkuranglah hormat orang terhadap nyawa manusia.

Seperti yang diungkapkan oleh Beccaria sebagai salah satu ahli pidana yang menentang hukuman mati menyatakan bahwa hukuman mati mencerminkan kebrutalan dan kekerasan, selain itu juga dapat menggoncangkan dan merusak perasaan moral masyarakat yang keseluruhan akan melemahkan moralitas umum (Golston, 2009). Hukuman mati menguras perasaan moral yang ada dimasyarakat, kerena masyarakat terbiasa untuk tidak menggindahkan rasa saling mengasihi sesama manusia. Selain itu hukuman mati memaksa orang untuk membutakan mata hatinya atas nilai-nilai kemanusian. Masyarakat akan jenuh dengan kekerasan yang dilakukan negara yang justru kemudian mendorong untuk melakukan perlawanan terhadap nilai yang ditanamkan oleh negara. Untuk dampak lebih lanjut hukuman mati malah juga mengurangi rasa sensitifitas masyarakat atas penderitaan orang lain.

Selain itu hukuman mati mempunyai daya destruktif lainnya, bahwa perbuatan membunuh oleh negara akan memancing suatu penyusulan pula terhadapnya (Sarat, 1999). Masyarakat menjadikan Negara sebagai role modelnya seperti bercermin terhadap kecenderungan negara untuk mengambil sikap. Masyarakat akan terbiasa melihat kekerasan yang dibalas dengan kekerasan. Negara mencotohkan hal itu lewat praktek pemberlakukan hukuman mati. Sejatinya masyarakat akan mengikuti contoh yang diberikan negara seperti anak yang mencontoh prilaku orang tuanya. Karena itu walaupun pemberlakukan hukuman mati diberlakukan tapi tingkat kejahatan tidak kunjung berkurang, justru malah semakin memperkuat kekerasan itu sendiri.

Tidak semua element dimasyarakat melihat hukuman mati sebagai jalan untuk melindungi masyarakat dari tindak kejahatan. Masyarakat tidak merasa terlindungi dari pemberlakuan hukuman mati tetapi malah merasa diancam dan diteror oleh negara. Dengan tujuan hukuman mati dimaksudkan untuk "menjinakkan" masyarakat tapi kemudian yang terjadi malah berbalik menyerang negaranya. Masyarakat tidak takut dan tidak patuh, tapi jengah atas tindakan semena-mena yang dilakukan oleh negara. Masyarakat jengah dengan pemandangan mengerikan yang harus mereka saksikan. Dilain pihak tidak semua dari mereka menganggap bahwa perbuatan terhukum tersebut patut dibalas dengan kematiannya.

Terutama pelaksanaan eksekusi publik, hukuman mati menjadi ritual yang penting yang harus ditonton khalayak ramai. Hukuman mati justru dijadikan sebagai hiburan kala itu.[16] Nyawa seseorang dijadikan suatu hiburan penyiksaan dan kekerasan akan langsung teekspos dan tidak bisa ditutupi, hal ini akan semakin merusak moralitas umum dan nilai-nilai kemanusian yang ada didalam masyarakat. Secara terang-terangan negara memperlihatkan ketidaksensitivitasan terhadap nilai kemanusian yang ada didalam masyarakat dan menunjukan keinginan besar negara untuk mengontrol rakyatnya. Seharusnya upacara eksekusi merupakan kegiatan yang diam, hening, penuh duka, dan muram tapi semakin bertambah eksekusi, semakin berkurang rasa hormat dari upacara eksekusi tersebut yang mempengaruhi spritual dan nilai moral penonton. Perubahan sikap dari rakyat yang dari tenang, ramah, dan patuh mengarah kepada pemberontakan. Rakyat semakin tidak patuh, bahkan sering memperlihatkan simpati terhadap

---

[16] Lihat bab sebelumnya

terhukum dan memperlihatkan permusuhan terhadap pemerintah. Masyarakat pada kenyataanya menyadari bahwa keberadaan hukuman mati justru mengancam keberadaan mereka sebagai manusia.

3.2. Aktor

Dalam definisi kejahatan yang digunakan oleh Quinney bahwa kejahatan merupakan hasil dominasi negara yang diperankan oleh penguasa untuk memperjuangkan kepentingannya terhadap masyarakat sebagai subjek (Taylor, Walton, Young, 1994). Dominasi negara dilindungi oleh kewenangan legal. Salah satunya penggunaan hukuman mati sebagai alat negara atas penjatuhan sanksi terhadap (orang) yang melanggar hukum. Hukuman mati memperlihatkan dominasi negara berada diatas nyawa masyarakatnya. Lebih lanjut kesewenang-wenangan negara memberikan teror terhadap masyarakat. Pemberlakuan hukuman mati merupakan hasil dominasi dan kesewenang-wenangan negara memperlihatkan bahwa hukuman mati berupaka salah satu bentuk kejahatan negara.

Negara adalah aktor yang melakukan kejahatan dengan memberlakukan hukuman mati, walaupun tentu saja digerakan oleh penguasa. Setiap kejahatan akan menimbulkan korban atau kerugian, begitu juga dengan kejahatan negara atas pemberlakuan hukuman mati menghasilkan korban baik dari pihak terpidana mati, keluarga terpidana mati dan juga masyarakat. Pemberlakuan hukuman mati dilihat sebagai bentuk kejahatan kemanusiaan.

3.2.1. Dominasi Negara dalam penghukuman

Adalah sifat dasarnya negara punya posisi lebih dominan dibandingkan dengan rakyatnya. Hubungan relasi menunjukan bahwa negara berada dalam posisi superior dan rakyatnya berada diposisi inferior. Relasi vertikal membolehkan pihak superior dapat mengatur bawahannya. Dominasi ini tentu saja dilindungi oleh kekuatan legal dan dalam statusnya sebagai pengatur sekaligus pelindung rakyatnya. Negara mengontrol tingkat kejahatan menggunakan alat "penghukuman" untuk memberikan konsekuensi atas perbuatan yang dianggap salah. Dalam pelaksanaanya kewenangan tersebut seringkali mementingkan segelintir orang yang memegang tampuk kekuasaan yang mengatasnamakan negara.

Quinney dalam Taylor, Walton dan young tahun 1994 mengungkapkan realitas kejahatan dikontruksikan untuk seluruh anggota masyarakat oleh mereka dalam tampuk kekuasaan. Perbuatan yang selama ini disebut dengan kejahatan merupakan hasil dari penafsiran negara atas sebuah perbuatan, bukan dari hasil penafsiran masyarakat. Negara dalam hal ini tentu saja dijalan kan oleh pemerintahan yang berisi para pengausa. Kejahatan merupakan perbuatan melanggar Undang-Undang pidana, merupakan hasil representasi perbuatan salah atau merugikan yang ada disekitar masyararakat.

Pengontrolan dan kebijakan dibuat sah, sehingga setiap tindakan negara yang dijatuhkan terhadap rakyatnya dilindungi oleh Undang-undang. Adanya relasi yang kuat dan lemah ini menghasilkan bentuk hukuman dan tindakan indisipliner seperti hukuman mati. Pemberlakukan hukuman mati, negara secara implisit memperlihatkan bahwa negara betindak tergas terhadap kejahatan. Hal ini dimaksudkan untuk menghalangi orang lain melakukan perbuatan yang sama tetapi juga untuk memperkuat otoritas pemerintahan dan untuk membentuk kesetiaan rakyat terhadap negara yang memperlihatkan kebencian terhadap perbuatan jahat. Dengan cara ini, diharapkan rakyat lebih patuh dan menghormati hukum karena hukum diasumsikan adalah keadilan.

Frantz fanon menyatakan bahwa kekerasan dapat memperkuat dan mempersatu suatu komunitas dibawah suatu kekuatan (Sarat. 1999). Dibawah satu kekuatan dominan negara tidak gampang tercerai berai, untuk itu penting menyatukan kekuatan dalam satu komando penuh. Jika negara kuat, tidak ada yang berani mempertanyakan atau meragukan otoritas negara. Hal ini menunjukan bahwa hukuman mati digunakan untuk mengukuhkan otoritas negara yang dipegang segelintir penguasa.

Pemberlakuan hukuman mati, mengokohkan dominasi negara sebagai kekuatan besar yang dapat mengontrol nyawa seseorang. Hal ini tidak dapat dibenarkan, karena negara tidak melihat individu (masyarakat) sebagai pemilik dari nyawanya sendiri yang punya kuasa atas nyawa sendiri. Pemberlakuan hukuman mati menunjukan ketidakhormatan negara atas sesuatu yang sangat melekat pada diri seseorang yang menunjukan kemanusiaan yaitu nyawa. Negara mereduksi nilai dari nyawa tersebut menjadi angka-angka statistik yang dapat dikurangi atas dasar kewenangannya menggunakan paksaan.

Pemberlakuan hukuman mati adalah kekuasaan legitimasi hukum berupa tindakan represif yang dilegalkan membuat sistem sosial dan ekonomi penguasa dan kelompok elite secara alami terjaga keutuhannya (young. 2003). Adanya dominasi paksaan negara, dimaksudkan untuk mempertahankan atau menjaga kekuasaan penguasa. Hukuman mati merupakan produk dari alat paksaan yang dibuat oleh pemerintah yang kemudian dilegalkan secara hukum. Untuk melegalkan tindakan represif tersebut, negara membuat aturannya sehingga dapat menjustifikasi tindakan agresif yang diambil. Tindakan tersebut diambil untuk menjaga keutuhan hierarki didalam masyarakat. Pertentangan adalah dengan adanya sumber kejahatan yang tidak hanya dalam jaman krisis namun timbulnya kejahatan sangat didukung oleh adanya dominasi penguasa.

Tindakan politik pemegang kekuasaan (negara) memperoleh basis legitimasi dalam kontrol tindakan masyarakat dengan menentukan dan mengafirmasikan tentang apa yang benar dan salah, yang baik dan jahat serta memberikan imperatif dimana masyarakat mematuhi dan mengerjakannya. Sehingga kejahatan, hukum dan ketertiban merupakan hasil dari retorika politik. Hal ini sangat jelas terjadi di negara-negara yang dipimpin oleh raja dan ratu, dimana kejahatan tertinggi adalah penghianatan terhadap raja atau ratu yang hukumannnya diancam hukuman mati dengan metode se-brutal-brutalnya. Untuk menghalangi rakyat jajahan melakukan penghianatan terhadap negara koloninya, mereka harus diancam dengan menyebarkan teror memperlihatkan cara mati yang menggenaskan.

Memang seharusnya negara mempunyai kekuasaan dan otoritas terhadap rakyatnya, tetapi dengan pemberlakukan hukuman mati ini kekuasaan tersebut menjadi kesewenang-wenangan atau bertindak melebihi kekuasaannya. Negara mempunyai batas-batas kewenangan tertentu yang diatur dalam undang-undang dalam rangka untuk perlindungan terhadap rakyatnya, yang menjadi soal ketika kekuasaan atau kewenangan rakyat tersebut masuk kedalam lingkup hak dasar yaitu hak hidup manusia yang menjadikan seorang manusia itu tetap menjadi manusia.

3.4.2. Teror Negara

Wacana hukuman mati merupakan ancaman teror dari negara terhadap masyarakat, apalagi disusul dengan menggunakan tindakan agresif. Dari dominasi negara terhadap masyarakatnya, hukuman mati dijadikan mengendalikan dan mengontrol masyarakat yang merupakan objek dari sanksi pidana. Teror adalah produk dari dominasi negara untuk mempertahankan otoritasnya

Hukuman mati hanyalah nama halus dari teror. Teror digunakan untuk melindungi hierarki, mempertahankan tampuk kekuasaan penguasa. Hukuman mati mengingatkan kita pada kemoderen-an, liberal, berdasarkan hukum, dan juga bahwa kita adalah negara demokrasi, politik tidak hanya menjadi hukum tetapi juga menjadi penegasan kekerasan dalam moral (Valier: 2004).

Teror yang disebarkan negara (penguasa) dikategorikan sebagai bentuk dari penegakan hukum yang harus dilakukan, sebaliknya jika rakyat yang melakukan teror atau kekerasan maka akan dikategorikan sebagai kejahatan. Sesuai dengan pemberlakuan hukuman mati, eksekusi yang dilakukan terhadap salah satu anggota masyarakat dilakukan oleh negara (penguasa), maka itu digolongkan sebagai tindakan yang perlu diambil untuk mengontrol tingkat kejahatan. Sedangkan pembunuhan yang dilakukan oleh masyarakat biasa dikategorikan sebagai kejahatan yang kejam. Hal ini dikarenakan definisi salah dan benar dirumuskan berdasarkan kepentingan kelas yang berkuasa dan bentuk-bentuk kejahatan dalam suatu masyarakat bergantung kepada struktur ekonomi politik.

Teror dalam hukuman mati tidak dilihat sebagai usaha untuk menjerakan atau menjauhkan masyarakat dari perbuatan jahat, tetapi bertujuan mengendalikan masyarakat. Kontrol dan kendali tersebut digunakan untuk memperkuat dominasi negara atas objeknya (masyarakat). Seiring dengan kokohnya dominasi negara terhadap masyarakat akan mengokohkan posisi mereka sebagai penguasa.

3.4.3. Kejahatan Negara

Sejalan dengan pemikiran sebelumnya hukuman mati merupakan bentuk dari dominasi negara atas masyarakat. Negara yang memberlakukan hukuman mati memperlihatkan kecenderungan negara untuk melakukan tindakan sewenang-wenang dalam usahanya untuk mempertahankan kekuasaan. Kewenagan negara diluar batas ketika negara dapat mengatur hidup dan mati seseorang. Kewenangan yang dilakukan negara dengan mengambil hak hidup seseorang merupakan tindakan kejahatan sejalan dengan definisi kejahatan oleh negara yang diungkapkan oleh Green dan Ward yaitu *"state organizational deviance involving the violation of human right (kejahatan negara meliuputi kejahatan atas pelanggaran ham)"* (meliala, 2006). Bertentangan dengan tujuan dibentuknya negara untuk melindungi rakyat dan menghormati hak-hak sipil setiap warga negara. Ketika negara melanggar hak-hak warga negaranya dapat dikatakan bahwa negara telah melakukan kejahatan terhadap warga negaranya, khususnya dalam negara demokrasi dimana rakyat punya kekuasaan penuh.

Selain itu, hukuman mati merupakan suatu kejahatan yang didalangi oleh negara, didasarkan pertimbangan kemanusiaan. Hukuman mati yang dilakukan negara menjatuhkan korban tidak hanya dari terpidana mati tetapi juga menyerang keluarga korban dan masyarakat. Bagi terpidana mati sendiri hukuman mati tidak hanya mengambil hak untuk hidup tapi dalam pelaksanaanya pun terjadi komulasi penghukuman. Tidak hanya menghadapi hukuman mati, tapi terpidana menjalani hukuman penjara yang mengakibatkan kerentanan psikologis.

Sedangkan dampak hukuman mati terhadap keluarga terpidana secara jelas menempatkan keluarga terpidana mati serba salah. Mereka diboikot, dikucilkan dari pergaulan, dan mulai melihat diri sebagai mana orang melihat mereka. disatu sisi masyarakat memandang mereka mempunyai prilaku sama atau menyalahkan mereka karna prilaku jahat terpidana mati (Sharp, 2005).

Terakhir korban dari kejahatan kemanusiaan atas pemberlakuan hukuman pidana yaitu masyarakat. Pemberlakuan hukuman mati merusah moralitas masyarakat dan mengurangi rasa sensitivitas sesama manusia. Selanjutnya hukuman mati malah menjadi *roled mode* dalam tindakan kekerasan. (Grigson, 1996)

Selain itu pemberlakuan hukuman mati oleh negara selalu terdapat abstraksi dalam fenomena makro, yang kemudian membutuhkan interpretasi yang dapat berbeda-beda hasilnya apabila asumsi yang digunakan juga berbeda-beda. Begitu juga ketika menyatakan bahwa hukuman mati merupakan suatu bentuk kejahatan negara tapi tidak jelas unsur pelakunya, karena bagaimanapun negara bukanlah sesederhana suatu komunitas saja tetapi jauh lebih kompleks. Negara sebagai struktur besar pengendali masyarakat digerakan sepenuhnya oleh pemerintah. Pemerintah dengan kata lain adalah representasi negara. Maka, bila dikatakan entitas negara berpotensi melakukan kejahatan, itu tak lain menunjukan pada personifikasi pemerintah suatu negara. Dengan kata lain, negara pada dasarnya tak mungkin berbuat curang atau jahat, tapi pemerintahannya dapat.

Negara sebagai penanggungjawab dan yang seharusnya bertujuan untuk melindungi warga negara, malah justru membunuh dengan memberikana pembenaran atas tindakannya. Hal ini malah memperlihatkan bahwa negara berusaha mempertahankan kedaulatannya dengan pertimbangan-pertimbangan yang lemah. Hukuman mati kemudian menjadi cara terakhir yang dilakukan atas rasa marah dan frustasi negara dengan menyatakan bahwa kekuasaanya tidak pernah salah.

Negara yang memberlakukan hukuman mati melakukan kejahatan terhadap warga negaranya sendiri, sama halnya seperti kejahatan perang (Sarat. 1999). Hukuman mati merupakan suatu kesalahan yang tidak dapat dibicarakan dalam negara. Hukuman mati menurunkan wibawa suatu negara dan mengakui ketidak-mampuan dan kelemahan negara tersebut. Penerapan hukuman mati bukan lagi merupakan tanda bahwa hukum tersebut sudah tidak dapat diberlakukan atas diri subjek, tetapi malah sebaliknya memperlihatkan kekuatan yang lebih besar dari hukum.

Intisari

Penelitian ini bukan mengkritik dominasi negara terhadap rakyatnya, tapi mempertanyakan dominasi negara yang tak terbatas. Negara sejatinya punya kewenangan untuk mengatur rakyatnya, tapi dalam pemberlakuan hukuman mati yang terjadi adalah kesewenang-wenangan negara untuk mencabut nyawa seseorang. Hal ini tidak dapat dibenarkan karena berlawanan dengan nilai-nilai kemanusiaan. Nilai kemanusiaan perlu dijaga untuk memanusiakan manusia. Bila nilai kemanusiaan sudah tidak ada, maka manusia tidak bisa disebut manusia seutuhnya dan cenderung saling menyakiti. Membalas kekerasan dengan kekekerasan hanya akan mendorong penyusulan kekerasan-kekerasan lainnya. oleh sebab itu, sudah seharusnya negara sebagai pelindung masyarakat menghapuskan praktek hukuman mati, menggantikannya ke hukuman alternatif lainnya.

BAB IV
KESIMPULAN

Penelitian ini merupakan penelitian studi literatur menempatkan posisi peneliti sebagai penolak hukuman mati. Penelitian ini bertujuan untuk mendeskripsikan perkembangan hukuman mati, argumen yang mematahkan justifikasi para utilitarian atas pemberlakuan hukuman dan hukuman mati yang merupakan hasil dari dominasi negara, teror negara dan sebagai kejahatan kemanusiaan.

Perkembangan hukuman mati memperlihatkan sejarah kelam. Sejarahnya tidak lepas dari kekejaman brutal merupakan hasil peradaban bar-bar. Peradaban awal hukuman mati tidak punya standarisasi hanya didasarkan pada pertimbangan penguasa seperti raja. Eksekusi dilakukan didepan publik, dijadikan tontonan untuk memperingatkan dan mengedukasi rakyat agar tidak menentang raja. Siapa yang menentang penguasa (raja atau ratu) akan mendapatkan ganjaran yang setimpal. Selain itu eksekusi publik dilihat sebagai bentuk hiburan atau seremonial yang digelar oleh penguasa untuk mengukuhkan kekuasaanya. Seiring perkembangan peradaban, eksekusi publik tidak dapat diterima kemudian ditransisikan ke eksekusi yang bersifat private, dan metode eksekusi yang diberlakukan semakin "manusiawi". Sejalan dengan itu, transisi bentuk pemerintahan dari monarki ke demokrasi, yang berarti ada transisi kekuasaan disatu tangan (raja atau ratu) ke kekuasaan ditangan rakyat. Dengan penerapan hukuman mati membuktikan regim monarki masih meninggalkan sisa kekejamanannya. Walaupun begitu dari dekade ke dekade kecenderungan International memperlihatkan usaha negara untuk mengabolisionis hukuman mati, walaupun beberapa negara masih memberlakukannya termasuk Indonesia dan China.

Selanjutnya, alasan-alasan yang dapat mematahkan asumsi para utilitarian bahwa hukuman mati dipertahankan karna masih membawa manfaat. Gerakan utilitarian yang mendukung gagasan hukuman mati memberikan justifikasi mereka atas isu pemersatu komunitas (community bonding), prospek deterrence, untung rugi sampai pada isu keadilan. Tapi dalam pelaksanaanya justifikasi tersebut tidak terbukti kebenarannya. Hukuman mati disebut-sebut merupakan solusi atas tindakan kejahatan berat tapi kemudian malah membawa kekacauan (chaos), ancaman, maupun teror terhadap masyarakat. Ketika kenyataan kemudian memperlihatkan ketakutan publik terhadap "mitos" hukuman mati yang terlihat seolah-olah gagah dan benar. Mitos yang memperlihatkan bahwa dunia akan lebih teratur, lebih toleransi, bahkan lebih mengarah kapada keadilan sebagai dampak positif pemberlakuan hukuman mati.

Selanjutnya penelitian ini mencoba memperlihatkan hukuman mati sebagai bentuk dari teror negara, dominasi negara dan kejahatan kemanusiaan. Dalam pandangan sosiologis hukuman mati akan selalu dihadapkan dengan suatu persoalan kemanusiaan. Persoalan kemanusian yang tidak kunjung mendapat titik terang melibatkan moral, rasa sensitivitas, kepedulian, maupun rasa kemanusian atas pencabutan nyawa seseorang. Dalam kenyataanya hukuman mati tidak hanya menjatuhkan korban dari pihak terpidana mati saja tetapi juga terhadap keluarga terpidana mati dan juga masyarakat. Mereka menjadi korban dari kejahatan kemanusiaan dari pemberlakuan hukuman mati.

Hukuman mati merupakan alat ekstrim yang digunakan negara untuk mengontrol tingkat kejahatan yang dilain sisi pemberlakuannya menggugah rasa kemanusiaan. Hukuman mati menunjukan kekejamannya tanpa balas kasihan akan penderitaan orang lain. Negara sebagai pemegang kekuasaan yang seharusnya wajib melindungi rakyatnya tapi pada ketika memberlakukan hukuman mati justru balik menyerang rakyatnya. Teror yang diberikan negara lewat hukuman mati ini sebanding dengan kondisi pada saat perang. Hal ini menunjukan dominasi negara yang tidak terbatas bahkan dapat mengatur hidup dan mati rakyatnya.

Dalam penelitian ini, Penelitian ini tentu saja tidak mengkritik kewenangan negara dalam menghukum, atau pun mempertanyakan dominasi negara terhadap rakyatnya, karna memang sejatinya hal tersebut berangkaian dengan kata negara. Penelitian ini hanya mengkritisisasi bentuk hukuman dalam hal ini hukuman mati yang masih diberlakukan oleh negara atas dasar pertimbangan-pertimbangan kemanusiaan. Dengan dasar pertimbangan-pertimbangan tersebut, sudah seharusnya hukuman mati dipertanyakan mamfaatnya, dan diharapkan dapat dirubah ke bentuk hukuman alternatif lainnya.

DAFTAR PUSTAKA

Buku

Anckar, Carsten. (2004). *Determinants of The Death Penalty: A Comparative Study of the World.* United Statedof America and Canada: Routledge, Taylor & Francis Group.

Akers, Ronald L dan Christine S. Sellers'. (2004). *Criminological Theories: Introduction, Evaluation, and Application.* Fourth Edition. Youngstown State University. Los Angeles, California: Roxbury Publishing Company

Banner, Stuart. (2003). *The Death Penalty: An American Story.* London: Harvard University Press.

Berk, R. A., R. E. Weiss, dan J. Boger. (1993). *Chance and Death Penalty.* Law & society Review 27: 89-110

Cassell G, Paul and Hugo Adam Bedau. (2004). *Debating the Death Penalty: Should America Have Capital Punishment? The Expert on Both Sides Make Their Best Case.* Oxford, New York: Oxford University Press

Creswell, J. W. (1994). *Research Design: Qualitative and Quantitative Approaches.* Thousand Oaks, CA: SAGE.

Foucault, Michel. (1979). *Discipline & Punish: The Birth of the prison.* Random House: United States.

George E. Dickinson and Michael R. Leming, ed. (2007). *Dying, Death, and Bereavement (9th ed).* McGraw-Hill Contemporary Learning Series, Dubuque.

Gerber, Rudolph, and John M. Johnson. (2007). *The Top Ten Death Penalty Myths: The Politics of Crime Control.* Westport: Praeger Publishers.

Glaser, B and A. Strauss (1967). *The Discovery of Grounded Theory: Strategies for Qualitative Research.* Chicago: Aldine Press.

Golston, Syd. (2009). *Death Penalty*. Gale Cengange learning. Farmington Hills: New York.

Grupp, E Stanley. (1971). *Theories of Punishment.* Indiana University Press: London.

Grigson, Jane. (1996). *Cesare Beccaria: Of Crime and Punishment*. New York : Marsilio Publisher.

Guest, David. (1997). *Sentence to Death: The American Novel and Capital Punishment.* United Sate of America: University pressof Mississippi

Haines H, Herbert. (1996). *Against Capital Punishment: The Anti –Death Penalty Movement in America 1972-1994.* New York: Oxford University Press.

Haney, Craig. (2005). *Death by Design: Capital Punishment as a Social Psychological System.* Oxford: Oxford University press

Hank C, Gardner. (1997). *Againts The Death Penalty: Christian and Secular Argument Againts Capital Punishment.* Ontario: Herald Press

Hodgkinson, Peter dan William A Schabas. (2004). *Capital Punishment: Strategies for Abolition. Cambridge* University Press: United Kingdom.

Hood, Roger. *(1989). The Death Penalty: A Worldwide Perspective*. Oxford University: Clarendo Press.

Howe, Adrian. (1994). *Punish and Critique: Toward a Feminist Analysis of Penalty*. United Stated of America and Canada: Routledge

Jacques Rousseau, Jean. (2009). *Du Contract Social (perjanjian Sosial)*. (Vincent Bero, Penerjemah). Visimedia.

Kronenwetter, Michael (Ed). (2001). *Capital Punishment: A reference Handbook*. England: ABC_CLIO, Inc.

Kudlac S, Christopher. (2007). *Public Executions: The Death Penalty and the Media*. United of America. Praeger Published

Lu, Hong and Terance D. Miethe. (2007). *China's Death Penalty: History, Law, and Contemporary Practice*. New York: Taylor & Francis Group, LLC.

Lyons, Lewis. (2003). *The History of punishment*. Amber books ltd. London

Masters Evan, Kim. (2008). *Capital Punishment: Cruel and Unusual?*. Texas, United Stated: Gale Cengage Learning.

Moyer L, Imogene. (2001). *Criminological Theories: Traditional and Nontraditional Voice and Themes*. London: Sage Publications

Muladi (ed). (2005). *Perkembangan Dimensi Hak Asasi Manusia (HAM) dan Proses Dinamika Penyusunan Hukum Hak Asasi Manusia (HAKHAM)*. Bogor: Ghalia Indonesia.

Muladi dan Barda Nawawi Arief. (2003). *Teori-Teori Kebijakan Pidana*. Bandung: Penerbit Alumni

Neumen, W. L., (2003). *Social Research Method: Qualitative and Quantitative Approaches.* Boston MA: Ally and Bacon.

Packer, L Herbert. (1968). *The limits of The Criminal Saction.* Stanford University Press: California.

Perdue D, William. (1986). *Sociological Theory.* United Stated of America: Mayfield Publishing Company

Pojman P, Louis and Jeffery Reiman. (1998). *The Death Penalty: For and Againt.* United Stated of America: Rowman & Littlefield

Prejean, Helen (1994). Dead Man Walking: An Eyewitness Account of The Death Penalty in The United States.

Purnomo, Bambang. (1985). *Pelaksanaan Pidana Penjara dengan sistem pemasyarakatan.* Liberty press: Yogyakarta.

Ross, Alf. (1975). *On Guilty, Responsibility and Punishment.* Barkeley and Los Angeles: University of California Press.

Sahetapy, J. E. (1982). *Suatu studi khusus mengenai ancaman pidana mati terhadap pembunuhan berencana.* Rjawali press: Jakarta.

Sarat, Austin (1999). *The Killing State: Capital Punishment in Law, Politics, and Culture.* Oxford, New York: Oxford University Press.

Schabas, William. (2002). *A The Abolition of the Death Penalty in International Law*. New York: Cambridge University Press.

Sharp F, Susan. (2005). *Hidden Victims: The effects of The Death Penalty on Families of The Accused*. London: Rutgers University Press

Smart J.J.C dan Bernard Williams. (1973). *Utilitarianism For and Againts*. United Stated of America: Cambridge University Press

Stack A, Richard. (2006). *Dead Wrong: Violence, Vengeance, and the Victim of Capital Punishment*. London: Preager

Sieghart, Paul. (1986). *The Lawful Rights of Mandkind (an introduction to the international legal code of human rights)*. Oxford University Press.

Taylor, Ian., Paul Walton., Jock Young. (1994). *The New Criminology: for a Social Theory of Deviance*. London and New York: Routledge

Traub H, Stuart (1985). *Theories of Deviance. 3 rd revised edition*. New York: F E. Peacock Publisher to Inc.

Tunick, Mark (1992). *Punishment: Theory and Practice*. University of California Press.

Valier, Claire. (2004). *Crime and Punishment in Contemporary Culture*. United Stated of America and Canada: Routledge, Taylor & Francis Group

Von Drehle, David (2009). *Among The Lowest of The Dead: The Culture of Capital Punihsment*. United Stated of America: The University of Michigan Press

Veeger, K. J. (1985). Realitas Sosial. Jakarta: Gramedia

William P, Frank (III) dan Marilyn McShane. (1998). *Criminological Theory.* New Jersey Printice Hall, Englewood Cliffs

Zaller, R. (1987). *The Debate on Capital Punishment During The English Revolution.* American History.

Jurnal Ilmiah

Adam Bedau, Hugo. (1983). Betham's Utilitarian Critique of Death Penalty. *The Journal of Criminal Law and Criminology (1973-), vol. 74, no. 3. Pp. 1033-1065.* http://www.jstor.org/stable/1143143

Bedau, Hugo and Michael L. Radelet. (1987). Miscarriages of Justice in Potentially Capital Cases. *Stanford Law Review, Vol. 40, No. 1, pp. 21-179.* http://www.jstor.org/stable/1228828

Argys, M Laura and H. Naci Mocan. (2004). Who Shall Live and Who Shall Die? An Analysis of Prisoners on Death Row in the United States. The *Journal of Legal Studies, Vol. 33, No. 2, pp. 255-282.* The University of Chicago Press. http://www.jstor.org/stable/3592021

Besant, Annie. "The Ethics of Punishment." Bristol Selected Pamphlet. http://www.jstor.org/stable/60244338

Berk, Richard., Robert, Weiss., & Jack, Boger. (1993). Chance and the Death Penalty. Blackwell Publishing on behalf of the Law and Society Association. *Law & Society Review, Vol. 27, No. 1, pp. 89-110.* (http://www.jstor.org/stable/3053749)

Blank P. Daniel. (1996). Mumia Abu-Jamal and the "Death Row Phenomenon". *Stanford Law Review, Vol. 48, No. 6, pp. 1625-1659*: Stanford Law Review. http: http://www.jstor.org/stable/1229335

Blecker, Robert. (1990). Haven or Hell? Inside Lorton Central Prison: Experiences of Punishment Justified. *Stanford Law Review, Vol. 42, No. 5, pp. 1149-1249.* Stanford Law Review. http://www.jstor.org/stable/1228969

Bonnie, Richard J. (1980). Psychiatry and the Death Penalty: Emerging Problems in Virginia. *Virginia Law Review*, Vol. 66, No. 2, pp. 167-189. http://www.jstor.org/stable/1072560

Chariri, Anis (2009). "Landasan Filsafat dan Metode Penelitian Kualitatif." Paper ini disajikan pada workshop Metodologi Penelitian Kualitatif dan Kuantitatif, Laboratorium Pengembangan Akuntansi (LPA), Fakultas Ekonomi Universitas Diponegoro Semarang, 31 Juli – 1 Agusutus 2009

Darling, Andrew. (1998). Mass Inhumation and the Execution of Witches in the American Southwest. American Anthropologist, New Series, Vol. 100, No. 3 (Sep., 1998), pp. 732-752. Blackwell Publishing on behalf of the American Anthropological Association. http://www.jstor.org/stable/682052

Dezhbakhsh, Hashem, Paul H Rubin and Joanna M Shapherd. (2002). Does capital Punishment have deterrence effect?. New evidence from Post-Moratorium Panel Data, Departement of ekonomiscs, Emory University.

Garland, David. (1991). Sociological Perspectives on Punishment. *Crime and Justice, Vol. 14, pp. 115-165.* Published by: The University of Chicago Press. http://www.jstor.org/stable/1147460

Geraghty, Thomas F. (2003). Trying to Understand America's Death Penalty System and Why We Still Have It. Northwestern University. *The Journal of Criminal Law and Criminology (1973-), Vol. 94, No. 1, pp. 209-238.* http://www.jstor.org/stable/3491308

H. Townsend, W. (1920). The Punishment of Crime. *Journal of the American Institute of Criminal Law and Criminology, Vol. 10, No. 4 (Feb., 1920), pp. 533-548.* Northwestern University. http://www.jstor.org/stable/1134291

Heath, Carl. Reform and the Death Penalty. International Journal of Ethics, Vol. 17, No. 3 (Apr., 1907), pp. 290-301. The University of Chicago Press. http://www.jstor.org/stable/237611

Haney, Craig. (1997). Violence and the Capital Jury: Mechanisms of Moral Disengagement and the Impulse to Condemn to Death. *Stanford Law Review, Vol. 49, No. 6, pp. 1447-1486.* Stanford Law Review. http://www.jstor.org/stable/1229350

Harris, David A. (1993). The Realities of Punishment. Life Sentences: Rage and Survival behind Bars by Wilbert Rideau ; Ron Wikberg. *The Journal of Criminal Law and Criminology (1973-), Vol. 83, No. 4, pp. 1098-1113.* Northwestern University. http://www.jstor.org/stable/1143882

Hatchard, John. (1993). Delay and the Death Sentence: The Zimbabwean Approach. *Journal of African Law, Vol. 37, No. 2, Law and the Environment in Africa (Autumn,1993), pp. 185-192.* Cambridge University Press on behalf of the School of Oriental and African Studies. http://www.jstor.org/stable/745730

Hong, LU. (2008). China's Death Penalty: Reforms on Capital Punishment. *EAI Background Brief No. 412*

Hudson, Patrick. (2000) "Does the Death Row Phenomenon Violate A Prisoner's Human Rights Under International Law?." *EJIL Vol. 11 No 4. 833-856.*

"Indonesia Urusan tentang pidana mati." Laporan Amnesty Internationaltahun 2004. (http://asiapacific.amnesty.org/apro/aproweb.nsf/.../INDASA210402004.pdf)

Jackson, Eleanor Piel (2003). The Death Row Brothers. *Proceedings of the American Philosophical Society, Vol. 147, No. 1 (Mar., 2003), pp. 30-38.* American Philosophical Society. http://www.jstor.org/stable/1558126

Kastrup, Marianne. (1988). Psychiatry and the Death Penalty. *Journal of Medical Ethics, Vol. 14, No. 4, pp. 179-183.* http://www.jstor.org/stable/27716735.

Linders, Annulla. (2002). The Execution Spectacle and State Legitimacy: The Changing Nature of the American Execution Audience, 1833-1937. *Law & Society Review, Vol. 36, No. 3 (2002), pp. 607-656.* Blackwell Publishing on behalf of the Law and Society Association. http://www.jstor.org/stable/1512164

Liebman, James S., Jeffrey Fagan, Andrew Gelman, Valerie West, Garth Davies, and Alexander Kiss. 2002. A Broken System, Part II: Why There Is so Much Error in Capital Cases and What Can Be Done about It. www.law.columbia.edu/brokensystem2/index2.html .

Liebman, James S. (2000). The Overproductive of Death. Columbia Law Review, Vol. 100. 8 (Dec, 2000), pp 2033-2156. Columbia Law Review Association. http://www.jstor.org/stable/1123681

Long, A Thomas. (1973). Capital Punishment-"Cruel and Unusual"?. *Ethics, Vol. 83, No. 3, pp. 214-223.* Published by: The University of Chicago Press. http://www.jstor.org/stable/2380249

Lumbus, Gayus. "Hentikan Pidana Mati." 28 februari 2003. (http://els.bappenas.go.id/upload/other/Hentikan%20Pidana%20Mati.htm)

Logan, Wayne A. (2002). Casting New Light on an Old Subject: Death Penalty Abolitionism for a New Millennium. *Michigan Law Review, Vol. 100, No. 6, 2002 Survey of Books Relating to the Law (May, 2002), pp. 1336-1379.* The Michigan Law Review Association. http://www.jstor.org/stable/1290445

Morgan, Ed. (2003). On Art and The Death Penalty: "Invitation to a beheading". *Law and Literature, Vol 15, No. 2, pp. 279-291.* University California press on behalf of the Cardozo School of Law. http://www.jstor.org/stable/3595171

Meyer, Joel. (1988). Reflections on Some Theories of Punishment. *Journal of Medical Ethics, Vol. 14, No. 4 (Dec., 1988), pp. 179-183. The Journal of Criminal Law, Criminology, and Police Science, Vol. 59, No. 4 (Dec.,1968), pp. 595-599.* http://www.jstor.org/stable/1141839

Moore Jr, Barrington. (2001). Cruel and Unusual Punishment in the Roman Empire and Dynastic China. *International Journal of Politics, Culture, and Society, Vol. 14, No. 4, BarringtonMoore, Jr. (Summer, 2001), pp. 729-772.* Springer. http://www.jstor.org/stable/20020107

Nice, David. (1992). The States and the Death Penalty. *The Western Political Quarterly, Vol. 45, No. 4 (Dec., 1992), pp. 1037-1048.* University of Utah on behalf of the Western Political Science Association. http://www.jstor.org/stable/448824

" Praktik Hukuman Mati di Indonesia", (2005).

http://www.kontras.org/hmati/data/Working%20Paper_Hukuman_Mati_di_Indonesia.

Peggs, James. (nd) Capital punishment: the importance of its abolition : a prize essay. *Hume Tracts, (1840).* Stable URL: http://www.jstor.org/stable/60207381

Richard J. Bonnie. (1990). Medical Ethics and the Death Penalty. *The Hastings Center Report, Vol. 20, No. 3 (May - Jun., 1990), pp. 12-18.* http://www.jstor.org/stable/3563155

Ross, E William. (1905). The Death Penalty: Reason for its Abolition. *The virginia Law Register, vol 11, no 8 (Dec., 1905), pp 625-641.* Virginia Law Review. http://www.jstor.org/stable/1101157

"Safeguards Guaranteeing Protection of he Rights of Those Facing the Death Penalty." (2010) United Nation Commissioner for Human Rights: Geneva, Switzeland. 15 Nov. 2010

Schuessler, Karl F (1952). The Deterrent Influence of the Death Penalty. *Annals of the American Academy of Political and Social Science, Vol. 284, Murder andthe Penalty of Death (Nov., 1952), pp. 54-62.* Sage Publications, Inc. http://www.jstor.org/stable/1029443

"Status of the Death Penalty". (1996*). Journal of African Law, Vol. 40, No. 1 p. 119.* Cambridge University Press on behalf of the School of Oriental and African Studies. (http://www.jstor.org/stable/745377)

Shepherd, M Joanna. (2004). Murders of Passion, Execution Delays, and the Deterrence of Capital Punishment. *The Journal of Legal Studies, Vol. 33, No. 2 (Jun., 2004), pp. 283-321.* The University of Chicago Press. (http://www.jstor.org/stable/3592022)

Slovenko, Ralp. (1994). And the Penalty is (sometimes) Death. *The Antioch Review, Vol. 24, No. 3 (Autumn, 1964), pp. 351-364.* Antioch Review. http://www.jstor.org/stable/4610616

The Death Row Phenomenon is a Violation of the Limitations Placed on Capital Punishment Under International Human Rights Law. Human Rights Council. 4th Session

Yunianti, Sri. (2006). The International Humanitarian Lawsuits on War Crimes. *Jurnal Lipi Aspirasi. Vol. XVI. No. 1. Juli 2006.*
http://jurnal.pdii.lipi.go.id/admin/jurnal/161062332

Van Hooft, Stan. (1998). The Meanings of Suffering. The Hastings Center Report, Vol. 28, No. 5 (Sep. - Oct., 1998), pp. 13-19. The Hastings Center.
http://www.jstor.org/stable/3528226

Yeni Sriwahyuni. "Perlindungan hak asasi terpidana." (http://ajrc-aceh.org/wp-content/uploads/2009/05/perlindungan-hak-asasi-terpidana1.pdf)

Artikel Surat Kabar

40 tahun menunggu eksekusi mati. 1 Sep 2008. Surat kabar harian kompas.
(http://www.kompas.com/read/xml/.../40.tahun.menunggu.eksekusi.mati)

http://news.bbc.co.uk/2/hi/americas/4493978.stm. Bush Voice Death Penalty Support. 3 December 2005

Meliala, Adrianus. *Kejahatan Negara: Beberapa Pelajaran dari Indonesia.* Naskah Pidato, disampaikan dalam rangka Pengukuhan Guru Besar FISIP UI Bidang Kriminologi, Depok, 15 November 2006.

The History of Utilitarianism. Stanford Encyclopedia of Philisophy. (Mar 27, 2009). http://plato.stanford.edu/entries/utilitarianism-history/

Mega: It must be death for drug-traffickers", *Agence France Press*, 27 Juni 2002

More drug traffickers clemency pleas rejected", *The Jakarta Post*, 9 Juli 2004.

President Upholds death sentence for drug-dealers", *The Jakarta Post*, 6 September 2004.

Drug trade thrives in Indonesia", *The Straits Times*, 12 Agustus 2004.

sumber: www.antideathpenalty.org atau statistics.htm. *sumber data statistik hukuman mati didunia* tahun 2010

TENTANG PENULIS:

Anadiya Riharsya lahir di Sumatra Barat pada tanggal 29 April 1990 saat ini aktif menjadi peneliti sosial di NGO yang bergerak dalam bidang kejahatan transnasional dan kebijakan kriminal. Lulusan Kriminologi Universitas Indonesia (UI), Depok mendapatkan gelar sarjananya pada akhir tahun 2011. Penulis pernah magang di United Nation Office on Drugs and Crime dan menjadi salah satu jurnalis di ForumKeadilan.

www.ingramcontent.com/pod-product-compliance
Lightning Source LLC
Chambersburg PA
CBHW080944170526
45158CB00008B/2371